# 蜷川幸雄の仕事

Yukio Ninagawa

蜷川幸雄
山口宏子

村上春樹
蜷川実花
石橋蓮司
中根公夫
平幹二朗
宮沢りえ
扇田昭彦
松岡和子
内田樹
藤原竜也
大竹しのぶ
山口晃
藤田貴大
セルマ・ホルト
マイケル・ビリントン
カズオ・イシグロ

とんぼの本
新潮社

# ニナガワ脳内解剖

## 書斎をたずねる

photograph by Mika Ninagawa

撮影｜蜷川実花

書斎は主の思考そのもの。そこで蜷川の書斎を紹介。蜷川にとって書斎は、演出の案を練り、ひとり思索にふける大切な場所だ。でも「自分のためだけの閉鎖的な場所ではなくて、妻や娘たちもよく出入りしている」のだとか。

窓辺の一角の人体模型にドキリ。天使が好きという意外な一面も。「ライトは海外で買ってきたんだけど、どこだったっけ？　手で持って帰ってきたことは覚えている」。

棚の上には旅先で買った数々の品が。「第一印象でパッと買う。迷わない」。右上にかかる絵は合田佐和子の作品で、お互い貧しかった頃、助け合いの気持ちもあって購入。

「尖った鉛筆が上に向かってすっと伸びているのを見るのが好き」という蜷川は、ナイフで鉛筆を削りながら物事を考えると集中できる、とも。

長らく窓辺に掛けられたままだと思しき資料は、「なんのために調べてもらったのか、もう忘れちゃった」。

［上］机の上にもお土産品がチラホラ。［下右］獅子は舞台の小道具として使ったもの。「もらった花冠を掛けてみたら、なかなか似合うからそのまま飾っている」。［下左］かつてはサングラスを愛用。でも芸能人が顔を隠しているように思われるのがイヤ、とお役御免に。

この写真を見て「実花がこんなシックな写真を撮るなんて珍しい」。奥の本棚には小説や詩集、評伝、事典など蜷川の引き出しをつくるさまざまな本。かつて画家を志した時期があったこともあり、画集も多く並ぶ。

父娘対談

# 蜷川幸雄×蜷川実花

# 世代を受け継ぐということ

Ninagawa family tree

**蜷川幸雄、蜷川実花。演劇と写真。その舞台は違えども、互いが創作という場で戦い、創造者としてリスペクトし合う関係である。時代を超えて伝えたいものとは何か。80歳を超え、なおも演劇と立ち向かう父と、写真表現を追究する娘との対談が実現した。**

**子どもの頃から、蜷川実花にとって劇場は父・蜷川幸雄と一緒にいられる日常の場だ。あえてそこでかしこまった話はしない。だからこそ、聞ける話がある。実花が8歳のときに観て強烈な印象を受けた『NINAGAWAマクベス』。2015年10月、その舞台が当時の舞台美術を再現して17年ぶりに、上演された。まさにそのときの実花と同い年になった、孫がこの舞台を観ている。そして実花のお腹には二人目の子が（この対談の数日後に無事出産）。不思議な巡り合わせとなったこの日、対談は始まった。**

——稽古のとき、主人公マクベスが切られて死ぬところで、胎児のように丸まるように指示されていたのが印象的でした。

**蜷川幸雄**（以下幸）　そうだね。あれは観客に胎児だって見せたかったから。

**蜷川実花**（以下実）　ギリギリのところで、急に思いついたの？

**幸**　演出を変えた。だから衣装も素手が見えるように変えたりしたんだ。

——いま実花さんが臨月で第2子がお腹にいることも演出に影響したのでしょうか？

**幸**　どうだろうか。でも生きていることの99・99%がすべて芝居につながっているのは確かだと思う。

——前回『リチャード二世』の公演では、舞台にさいたまゴールド・シアター（蜷川が創設した高齢者の演劇集団）のメンバーを30台近くの車椅子で出したり。それも（入院されて）ご自身が車椅子生活になったことが影響しているのでしょうか？

**幸**　そうだね。人生のすべてを懸けて演劇をしているんだと思う。

——実花さんには何歳からお芝居や劇場の記憶がありますか。

**実**　いつから観ていたのか覚えていないくらい、小さい頃からです。

**幸**　稽古には連れていかないけど、公演中は毎日劇場に連れていった。

**実**　いつも客席の一番後ろ、マジックミラーが張ってある監視室で遊んでいたんです。お芝居も客席ではなくウィンドウを通して観ているから、記憶がすべてスクエアで。いま思えばそれが今の写真を撮っているフレームに影響しているのかもしれない。今日あの当時と同じフレームで『マクベス』を観て、桜が散るシーンで、桜がわさーって降っているところとか、その桜に近景、中景、遠景と奥行きがあるのが、まさに自分の写真はそのまま影響を受けているなとあらためて思いました。あと当時印象的だったのは日生劇場（東京・日比谷）の赤い絨毯のホワイエ。

**幸**　当時はモダンだったからな。

**実**　赤い絨毯とスクエアの中に入っている絢爛豪華なオリエンタリズムが印象に残っている。

**幸**　赤い絨毯の階段でよく遊んでいたよね。

**実**　公演中に一人で赤い階段で遊び、幕間になると監視室に戻る、そんな子ども時代でした。小学校に上がると、客席で観てもいいよって言われて、それがうれしかった。

**幸**　『NINAGAWAマクベス』は初演当時（80年）、日本で大して評判よくなかったんだよ。観客のベスト1、批評家のワースト1。プロデューサーが「僕はパリのオペラ座に3年留学したけど、絶対に通じるから外国に行こう」と。それで『王女メディア』でギリシャ公演に行ったんだ。

——反響はいかがでしたか。

**幸**　現地で「我々はまずギリシャ悲劇のなんたるかを蜷川に教わった」といきなり認められたんだよね。

**実**　今の日本でも、海外で最初に評価されて逆輸入って多いよね。その意味では海外のほうが的確に評価してくれたイメージ？

**幸**　そうだね。ただ批評家は悔しいから、すぐには認めないんだ。

## 子育て、父・蜷川幸雄

——今回の舞台でも子どもを抱くシーンでは、なかなか気に入らなくてダメ出しされたとか。

**幸**　赤ちゃんを抱くには片手をお尻に当てて、もう一方の手は頭がすわっていないから首のあたりに。

**実**　散々子育てをしているから、子どもの重さや抱き方にも、とてもリアリティがあるのよね。

**幸**　自分の才能に不安があったから、子どもはしばらくいいやって言ってたの。そうしたら真山さん（女優をしていた妻・真山知子）が団地で子どもがいるお母さんを見ていると悔しいって。そんなにまで思うならって、子どもをつくったんだよ。

**実**　結婚5、6年目、ママが30歳。当時にしては私、遅い子なんだよね。

**幸**　「100万円あるから、あなたに渡す。嫌な仕事しなくたっていいから子どもが欲しい」って言われたの。

**実**　ママ、男前！　それも自分がお芝居で稼いだお金。可愛いママしか知らないから、驚くね。

**幸**　かっこいいよね。種馬かよ～って言いながら（笑）。そんなこと言ったら怒られちゃうけど。

——男の人が稼ぐのが当たり前という時代に、大胆でしたね。

**幸**　当時は団地暮らしで、自分の才能に対して俺が不安を持っているから、「蜷川天才」という表札だった。集金人が「蜷川天才さーん」って来るんだよ（笑）。

**実**　そんな頃に私が生まれて、クリエイションに影響はあったの？

**幸**　それは大きな出来事で、逃げ道を断たれた。すごいもの作るよりしょうがないなぁって、より必死になったね。それでも彼女のギャラが俳優として僕の倍くらい高かったから、こっちが子育てして。

——周りに子育てを教えてくれる人はいたんですか。

**幸**　いや、『スポック博士の育児書』と『育児百科』で勉強しながら。ミルクを120cc飲まなきゃいけないところを80ccしか飲まなくて、足すべきか足さなくて平気なのかがわからない。そういうことは書いてないんだよ。足すとピューッと吐いちゃうし、足さないと足りないような気がするし。僕の実家が近くにあったけど、母親はおばあさんで育て方が違うから、自分流で育てたの。

——実花さんの話では、5歳くらいの頃から幸雄さんは「男を捨てられる女になれ」と教えていたとか。

**幸**　自立した女がかっこいいと思っていたから。幼い実花を連れて新宿西口に行き、雑踏の中で「お前、自分が正しいと思ったらこの流れと逆に、一人違うほうに行けるか」と言ったら、「わかんなーい」。当たり前だよね。

**実**　「わかんなーい」って言ったこと、覚えているよ。実際に覚えているのか、繰り返しメディアで見た文字の記憶がどんどん血肉になって刷り込まれているのか、不思議なものだなと思うよね。

——実花さんが小学生の頃、急にお父さんが人気者になったんですよね。

**実**　家族で歩いていて、母と父の後から私と妹がついていくと、人が「蜷川さんだ」って振り返る様がすごく誇らしかった。私はうれしかったの。私のお父さんが蜷川幸雄だよ！って超自慢だった。

——人によって親の名声はプレッシャーにもなりますよね。

**実**　私は全然嫌じゃなかったし、遠ざかることもなかった。

**幸**　中高と予備校の頃、実花は俺の仕事場でしょっちゅう違う男の子と遊んでいたな。

## 「私の写真はすごく劇場的」

――実花さんは創作面でお子さんが生まれた影響はありましたか。

**実**　子どもへの責任はすごくあるけど、表現が柔らかくなったとか、「生命とは素晴らしい」とはならなかった。そこはすごく離れているよね。私、最近気づいたんだけど、私の写真はすごく劇場的だなって。

――劇場的とは？

**実**　例えば息子の写真をたくさん撮っているけど、それはただの記念撮影。だけど、ある役者の方と恋人同士になって撮りましょう、というのは作品になるわけです。つまりある期間、あるフィクションの上に乗って、どこまで本当になるかという作り方しかできない。だから父が、子どもが生まれて、愛、家族大事、という作風にならなかったのがすごくよくわかる。私もならなかったから。

――幸雄さんは実花さんが写真を始めたとき、どう感じましたか。

**幸**　カメラを買って何を撮るのかと思ったら、道端の花ばかり。軽井沢を散歩してて、農家や草原もあるのに花だけ。それでああ、こういう子なんだと思ったのね。余計な口出しはしないように気をつけて、撮りたいものを撮ればいいやって。

――実花さんはなぜカメラを？

**実**　我が家はママも含めて、ものを作り出す親だったから、早く大人になって表現したいと5歳くらいから焦っていて。いとこのお姉ちゃんたちが女優デビューして本当に羨ましかった。私も一番近かったのが演劇だったから、パパに聞いたら「子役だけはやるな。いいものだけ観ていなさい、今は」と言われたの。

――なぜ幸雄さんは子役に反対されたのですか？

**幸**　子役は人間関係の中で生きなきゃいけない。大人にいい顔したり、人との関係の中でいろいろ妥協したりするのを見るのが嫌だった。それよりは大人を蹴飛ばして、やりたいことをやる女に育ったほうがかっこいい。

**実**　高校生の頃の私は、表現したい欲がすごく溜まってて。父の芝居や映画をよく観て、本も大量に読んでいた。インプットだけし続けても、アウトプットできる先がなくて耐え難かった。その点、写真って手軽でしょ。油絵なら技術が必要だけど、写真は押せば写る。溜まったものを出せる唯一のツールが写真だった。

――実際に娘が成功していくのを見て、どんなお気持ちに？

**幸**　うれしいけど、「よかったね」、とか言ってデレデレするわけじゃなく。実花が発する空気から、一定の距離がこの子には必要だろうと。だから開いた距離を詰めなかった。

**実**　私としては、息子が生まれて初めて距離が縮まった気がする。よく車で送ってもらったりして仲は悪くないんだけど、なに話そう？という妙な緊張感があったかも。妹とはじゃれ合っている父と娘だけど、私は長男っぽくて、少し距離を置いていたかな。クリエイターになるにはこれ以上ない家庭環境で、愛情もたっぷりだった。でもわかりやすく誰かを紹介してもらうとか、導いてくれるとか、お金の援助とかは全くなかったから。気にかけてくれていることは、私にもわかってる。でも父は絶対、私には言わない。息子が生まれるまで、父親からの最上級の褒め言葉が「お前、最近流行っているらしいじゃん」(笑)。もちろん応援してくれているのは肌で感じてきた。

――クリエイター同士の親子関係はすごく難しくて、親が子どもを食っちゃう、また逆もあります。でもお二人を見ていると、お互いのリスペクトが感じられますね。

**幸**　実花はよく言ってた。母親との関係はもっとエロティックなものだけど、父親との関係は単なる社会化されたものなのよねと。

**実**　パパは子育てしているから、どれだけ子どもが本能的に母親を求めるかを嫌というほど知っていて、子どもに対するロマンがないのよ。父親は論理と経済力でしかつながらないって悟ってる。

**幸**　赤ちゃんが口を開ければ、母親のおっぱいが出るんだから。それ見ると、男親ができることなんか大してないよなあって思うよ。

## いい女とは、干渉しない、経済的に自立している女

**幸**　俺、若い頃からいい女としか付き合ってないんだ。

**実**　いいね(笑)。

**幸**　最終的に子持ちになった人が一人もいない。

**実**　おお、ママだけか（笑）。

**幸**　それだけ女だったんだよ、ママは俺にとって。

——蜷川さんにとって、いい女とは？　具体的に教えてください。

**幸**　干渉しない。経済的に自立している。ただ、そういういい女も崩れる日があるんだよ。付き合い始めはビールを飲んでいたのが、やがてロックになって、そのうち愚痴を言い出し、刺されそうになる。観念的な修羅場も具体的な修羅場もくぐっているけど、いい女はやっぱりいい女なんだよね。

——そういう意味では奥さまが一番いい女ですか。

**幸**　ママは一番、家庭的なことを望んだ女だね。幼い頃にお父さんを戦地で亡くしているから、ちゃんと家にはスリッパが揃っていて、父親、母親、子どもがいる生活をつくりたかったのだと思う。いい女はいい女だけど、家庭的なことを望む女だね。

——実花さんもその点、自立したいい女ですよね。

**実**　私は欲張りだから、すごく小さい頃から仕事のできる女と家庭的な女の両方を取るって、心に決めていたの。それが私世代の新しい動きだったよね、きっと。

## 観る人に選ばれて来たという二人の作品の共通点

——幸雄さんが今も演劇を続ける原動力は何なのでしょう？

**実**　私、この間、同じ質問したの。そうしたら「まだ正当に評価されていない」って。あまりに面白い答えでびっくりしたんだけど。

**幸**　海外の人が書いた本だと、俺は世界の10人の大演出家の一人には入っているんですよ。だけど、俺はすでにトップ3だろうと思ったわけ。「トップ3と書け」と言うには判定勝ちじゃダメ、ノックアウト勝利しなければ。それくらいヨーロッパの階級構造は強いし。

——その3人とは？

**幸**　ピーター・ブルック、ドイツのペーター・シュタイン、そして俺。

——ノックアウトするために作品を作り続けるのですか？

**幸**　そう思うと頑張れるかな。

——幸雄さんが45歳で作った『NINAGAWAマクベス』の初演を8歳だった実花さんが観て、今また再演を8歳の実花さんの息子さんが観ています。

**幸**　実花の息子がいいお兄ちゃんになったところを見られないかもなあって、それが一番残念。センスのいい青年になるかなあ。（そばにいた本人に向かって）君の夢はパパ（幸雄）の夢。パパの夢は君がかっこいい大人になること。

——そして今、実花さんは幸雄さんが『マクベス』を作られた年頃になりましたよね。

**幸**　人生ってよくできていて、ものすごい集中力があるのが多分40代。年を取ってディテールが見えるようになるんだよ。オリジナルな才能は40歳からだね。

——あれだけのドラマを豊かな画で見せるという幸雄さんの仕事、視覚的な官能性は実花さんに受け継がれていると思います。

**幸**　観劇とは観る劇。日本はその伝統がある国だから、僕はこだわるんです。散る花びらが物語を語る。実花は映像、うまいよ。カット割りもうまい。

**実**　快楽的な作品だと、高尚な気分で評論している人たちは乗り切れない。評価されやすいのは、もっとミニマムで頭が良さそうな演劇や写真。そんな状況で、パパも私も観客が最初に認めてくれたパターンだよね。賞より動員数、観る人が選んでくれることが大事かと。

——幸雄さんも80代になられて冴え渡っていらっしゃるような。

**幸**　いや冴えないですね。瞬間のきらめきは40代のほうがすごい。ただ補完するための技術は80でもできるかな。もう、破れかぶれです。

**実**　破れかぶれ、かっこいい。

（2015年10月、『NINAGAWAマクベス』上演中のシアターコクーンにて）

Profile

にながわ・みか　写真家・映画監督。1972年、東京生。多摩美術大学美術学部グラフィックデザイン学科卒業。木村伊兵衛写真賞ほか数々受賞。映像作品も多く手がける。2007年、初監督映画『さくらん』公開。2008年に個展「蜷川実花展」が全国の美術館を巡回し、のべ18万人を動員。2010年、Rizzoli N.Y.から写真集『MIKA NINAGAWA』を出版、世界各国で話題となる。2012年、監督映画『ヘルタースケルター』公開、22億円の興行収入を記録。2020年の東京オリンピック・パラリンピック競技大会組織委員会理事就任。

# リカヴィトスからロンドンまで

## 村上春樹

万雷の拍手喝采を浴びた1983年7月、ギリシャ・アテネのリカヴィトス劇場での公演風景。当時ギリシャに滞在していた筆者は、この舞台を観たのだ。

僕が蜷川幸雄さん演出のお芝居を初めて観たのは、1980年代半ばのことだった。場所はギリシャのアテネ、有名なリカヴィトスの丘の上にある古い円形劇場だ。そのとき僕は旅行中で、たまたまアテネにいたのだと記憶している。新聞を読んでいて、いわば「本家本元」のギリシャで蜷川版『王女メディア』が上演されることを知り、「これは見逃せないな」と思って見に行った。平幹二朗さんがタイトル・ロールを演じた。

季節は夏で、夕暮れの坂道を、芝居好きのギリシャ市民たちと一緒にぞろぞろと、丘の頂上まで歩いてのぼった。リカヴィトスはケーブルでも上がれるが、なんといっても景色を眺めながら、ゆっくり歩いてのぼるのが楽しい。道沿いにギリシャの夏特有の匂いがした。その匂いは今でもはっきり思い出せる。空は晴れ渡り（夏のギリシャではまず雨は降らない）、だんだん星が見えてきた。空気は気持ちよく乾燥していた。都市の発するいろんなもの音がひとつに入り混じって、まるで平べったい雲のように丘の上に浮かび漂っていた。

あたりが暗くなり始めたころに『王女メディア』が始まった。僕はいささか不安だった。上演はうまくいくのだろうか？　ギリシャ悲劇の日本式演出が、果たしてギリシャの観客に理解されるのだろうか？

でも僕のそんな不安はまったく杞憂に終わった。日本語での上演で字幕もついていないけれど、ギリシャ人なら誰だって『王女メディア』の筋や台詞くらい知っているから、いちいち説明の必要もない。芝居が進行するにつれて、まわりのギリシャ人の観客たちが次第に興奮していくのがわかった。目の前で次々に展開していく斬新な舞台と、大胆にしてシャープな演出に、彼らは抗いがたく惹きつけられていったようだった。

芝居が終わったときの、人々の騒ぎは大したものだったと記憶している。拍手は圧倒的だったし、会場は興奮で満ちていた。人々は大きな声で語り合いながら、楽しそうに夜の坂道を下りていった。芝居というのはまさに生き物なんだなと、僕はそのときつくづく実感した。目の前にある芝居がしっかり生きていれば、たとえ言葉がわからなくても、人々はその勢い

Haruki Murakami

や温もりを肌身で感じ取り、ダイレクトに反応するのだ。それはほとんど生命の交流に近いものだ。

それから四半世紀ばかりを経て、僕の書いた小説『海辺のカフカ』をフランク・ギャラティが戯曲化したものが、蜷川さんの演出で日本で上演されることになった。このかなり長大な、いろんな筋がややこしく象徴的に交錯していく話を、果たして数時間の舞台にうまく現出できるものかどうか、僕としては正直なところ少しばかり心配だったのだが、リカヴィトスの円形劇場の生き生きとした、素敵な思い出があったので、蜷川さんにそのまますべておまかせすることにした。いいですよ、お好きにしてください、と。

その結果は……みなさんもおそらくご存じだろう。蜷川版『海辺のカフカ』は日本国内のみならず、海外のいくつかの劇場でも上演され、圧倒的な好評を博した。僕も二度ばかり劇場に足を運んだが、そのたびに筋書きの素速く的確な展開ぶりや、役者さんたちの物語に対するコミットメントの深さにいちいち驚かされることになった。舞台上のいろんな仕掛けも楽しくて、猫たちの細かい動きや、魚が空から降ってくるところや、ジョニー・ウォーカーやカーネル・サンダーズの言動も、何度見てもわくわくさせられる。芝居でなくては体験できないものごとが、ここにはみっちり詰め込まれている。

僕のまわりの人々もみんなこの芝居を気に入ってくれている。何度も繰り返し見ている人がたくさんいる。このあいだ東京でカズオ・イシグロに会ったときも、「来る前にロンドンで見たけど、本当に素晴らしい、見応えのある舞台だったよ」と興奮気味に語ってくれた。

これからも『海辺のカフカ』が世界中の劇場で上演され、常に変わることなく斬新な物語として、芝居として、光景として、一人でも多くの人々に愛されることを、原作者としては心から願っている。リカヴィトスからロンドンまで、蜷川幸雄氏の「全開状態」はどうやらずっと続いているようだ。

2015年5月、ロンドンのバービカン・シアターでの『海辺のカフカ』公演。猫と話せる不思議な老人ナカタさんを演じるのは木場勝己。

若き日に出会い、蜷川幸雄を強烈に刺激し続けるふたりの劇作家、清水邦夫と唐十郎。清水の言葉を得て、蜷川は「演出家」になった。彼らの戯曲とともに、蜷川は半世紀近い時を走り続けている。

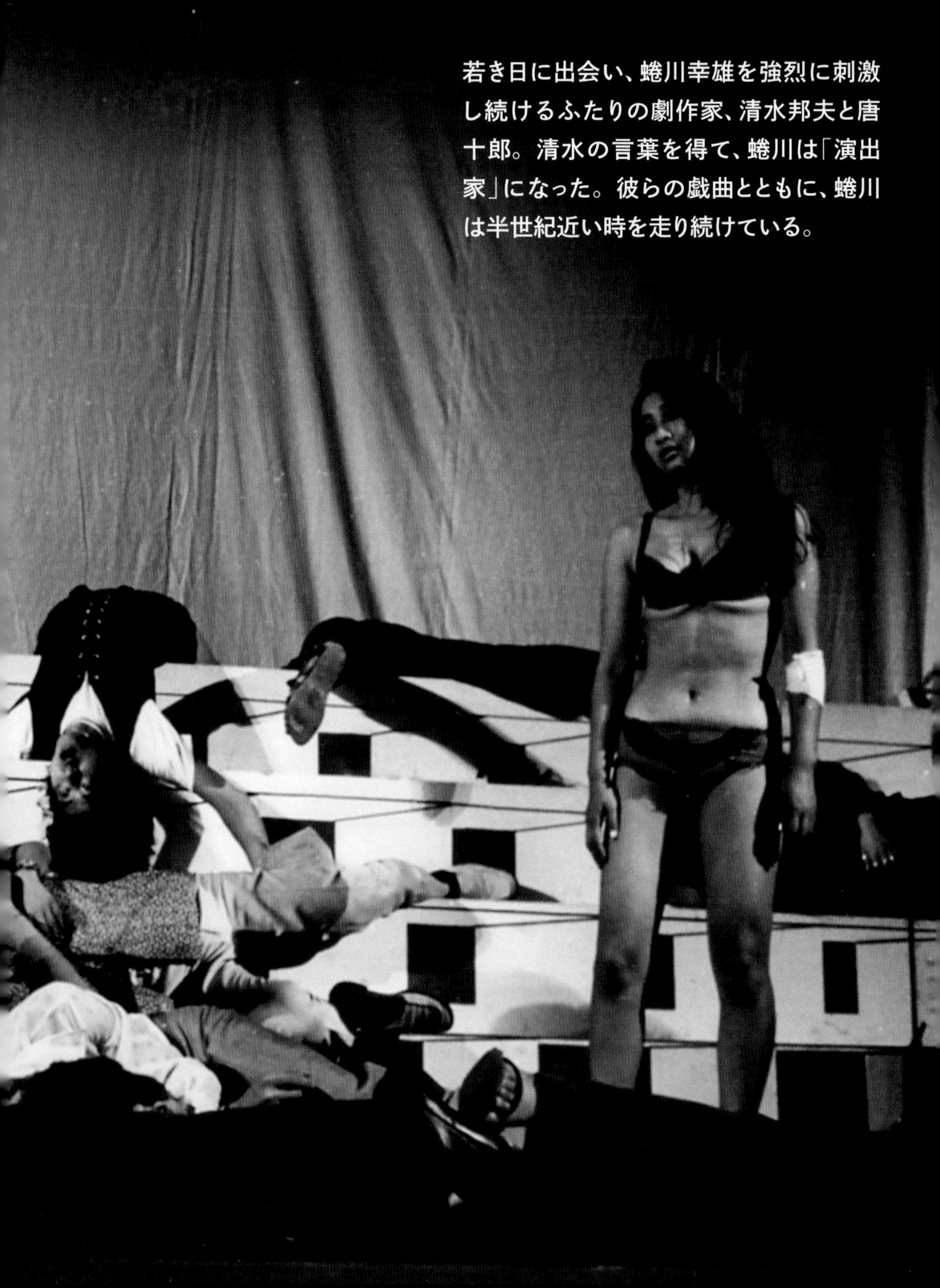

蜷川幸雄の仕事

1

# ふたりの盟友
# 清水邦夫と唐十郎

蜷川の演出家デビュー作『真情あふるる軽薄さ』より。中央の「青年」は蟹江敬三。下着姿の「女0」は真山知子。1969年9月、アートシアター新宿文化にて。

# 真情あふるる軽薄さ

作◎清水邦夫
初演◎1969年

青年（蟹江敬三・左）と女0（真山知子・右）。1969年、アートシアター新宿文化にて。2001年にシアターコクーンで『真情あふるる軽薄さ2001』として再演（青年＝高橋洋、女0＝鶴田真由、中年男＝古田新太）。

蜷川幸雄を「演出家」にした作品。アートシアター新宿文化で、映画上映が終わった後、夜9時半から上演された。

冒頭、客席通路にいる青年の周りでもめごとが起こる。彼は金属製の毛糸編み機のケースを背負い、向きを変える度にそれが隣の男にガンガンと当たる。騒然とする中、幕が開くと、舞台には人々の長い行列。何かの切符を手に入れるために並んでいるらしい。青年は様々な言葉で人々を挑発し、女が彼に同調する。おとなしい行列と、それに組み込まれまいとするふたりの対立が続く。

中年男が、物分かりのいい態度でふたりに接する。だが、時間がたつと中年男の合図で行列の整理員が青年に襲いかかる。女は射殺される。中年男は言う。「行列を乱すな！　乱す奴は容赦なくたたき殺せ！」。舞台の背後は機動隊の盾で埋まり、客席は機動隊員に包囲される。青年を蟹江敬三、女0を真山知子、中年男を岡田英次が演じた。

9月10日から22日までの公演は連日超満員。機動隊員役の俳優に観客がつかみかかったり、客席通路でデモが始まったりと、1969年の新宿の街と地続きの公演は、数々の伝説を残した。

左はチー子（緑魔子）。蜷川が一番好きな清水作品だという。1970年5月、現代人劇場稽古場公演。

# 明日そこに花を挿そうよ

作◎清水邦夫
初演出◎1970年

この作品で蜷川と清水は出会った。清水が劇団青俳のために書き下ろし、1960年、青俳特別公演として、俳優座劇場で初演された。塩田殖演出。当時俳優だった蜷川は右太役で出演した。蜷川は戯曲を読んだ時の興奮を「これこそぼくらの青春をみごとに描いた作品だと思った」と語る。

10年後、蜷川は演出家として戯曲と向き合う。現代人劇場の稽古場公演だった。

舞台は、引揚者寮。1階には父・修造と灸《きゅう》、右太の兄弟が住み、2階にはお米とチー子の母子が暮らしている。病気で外へ出ないチー子に思いを寄せる灸は、右太が買ったカナリアの籠を2階に置き、彼女のもとに始終やってくる。誰も信じず、弱みを見せないと決意している灸にとって、そこだけが「ほっとする」場所なのだ。

貯めていた金を修造が使い果たしたことに怒った灸は、鳥籠を投げてカナリアを死なせる。空き地にカナリアの墓を作って戻った灸は、修造と言い合いになり、はずみで父をナイフで刺してしまう。それを知らないチー子が2階から呼びかける。明日、カナリアの墓に花を挿そう、と。

灸を石橋蓮司、右太を青山達也、チー子を緑魔子が演じた。

# タンゴ・冬の終わりに

作◎清水邦夫
初演◎1984年

引退した俳優の盛（平幹二朗・左）とかつての恋人・水尾（名取裕子・右）。1984年4月、パルコ劇場（当時・西武劇場）での初演より。蜷川と清水の代表作。

映画館をおびただしい数の若者が埋めている。歓喜、怒り、悲しみ。彼らの無言の興奮が闇に消えるとそこに、男がうずくまっている。

観客を一瞬で、日本海に面した町の、さびれた映画館に連れてゆく幕開けだ。男の名は清村盛《せい》。スター俳優だったが、3年前「美しい人は若くて死ぬべきだ」と突然引退し、妻のぎんとともに実家の映画館に帰ってきた。精神を病む盛を救おうと、ぎんは、彼の恋人だった水尾を呼び寄せる。盛は水尾のことが分からないが、突然現れた美しい女に、新たな思いを抱き始める。

剥製の孔雀、盛がかつて演じたレジスタンスの青年が最期の朝に聴くタンゴなど、死と美のイメージが乱反射しながら、無残でありながら甘美な「青春の挽歌」を奏でてゆく。東京・渋谷のパルコ劇場（当時・西武劇場）での初演は、盛を平幹二朗、ぎんを松本典子、水尾を名取裕子が演じた。

清水と蜷川が共有した時代の、政治闘争の熱と挫折の痛みが基調にある作品。だが、2006年、堤真一、秋山菜津子、常盤貴子らが出演したシアターコクーン公演（Bunkamura製作）が、作品と演出の普遍性を証明した。91年、ロンドンで英語上演（アラン・リックマン主演）された。

# 戦友・清水邦夫と生み出したもの

蜷川幸雄ー談

**蜷川幸雄と1歳下の劇作家、清水邦夫は、20代の頃から、深く結びついてきた。演出した戯曲は15本。同時代の作家の中で突出して多い。このうち11本が蜷川への書き下ろしだ**

初めて会ったのは、劇団青俳の時。まだ早稲田の学生だった清水に、青俳が作品を頼むことになったのだけれど、あいつは無口で、年上の人と口を利かない。そこで僕が行くことになった。僕とはよくしゃべり、よく会った。そうして出来たのが、『明日そこに花を挿そうよ』です。

この戯曲は、劇団では「未来への希望がない」「鬱屈しているだけで訳が分からない」と批判された。でも、僕は、他人に理解されない青年の苦悩が渦巻く戯曲に、強く共感した。1960年の初演には、主人公の弟の役で出演しました。10年後に現代人劇場で、演出しています。今でも清水の作品の中で、一番好きな戯曲です。

**演出家を目指した蜷川のために、清水は『真情あふるる軽薄さ』**（69年初演）**を書く**

僕が演出する時、台本に手を加えないと決めているのは、この頃の清水を見ていたからです。台本を書くためにふたりで汚いホテルに泊まった夜、僕は異様な気配で目を覚ました。見ると清水が、狭い部屋の中を走り回って、自分の頭を殴りながら、「ダメだ、ダメだ！」と叫んでいる。作家が言葉を絞り出す壮絶な姿を見て、台本を変えてはいけない、と強く思いました。

清水とはいつも、その時々で、自分が考えている中心的なことは何かを話し合いながら、芝居のテーマや方向性を決めていきました。

「いま何考えてる？」

「裁判闘争のことかな」

「じゃあ、裁判劇やろうか」

そんな会話から生まれたのが、武装した老女たちが裁判所を占拠する『鴉よ、おれたちは弾丸《たま》をこめる』（71年初演）です。

清水が「家族が植物園に行って、何かが起きるという話はどうか」と言い出したこともあったなあ。

「なぜ植物園なんだよ？」

「そこは万葉植物園でね、大昔からの出来事が組み直されてゆくんだ」

そんなやりとりが変化して、卒塔婆の山に家族がやってくる『想い出の日本一萬年』（70年初演）になりました。

どの作品にも共通しているのは、書き上がった戯曲はいつも、僕が想像していたものより、はるかに良かった、ということ。簡単な筋書きを渡されることもありましたが、それを読み、打ち合わせをしていても、完成した戯曲は、僕が思っていたものと、まったく違う。ディテールが実によく出来ている。作家の才能って、すごいものだなと尊敬していました。

**櫻社の解散（74年）で道が分かれたふたりが再会したのは、82年『雨の夏、三十人のジュリエットが還ってきた』だった**

久しぶりに、新宿の喫茶店で会った。ちょっと照れくさく、気まずかった。そういう時、先に話すのは、俺。「そろそろ俺たちも、長い間やってきたことを総括しなきゃマズいよな」

そこから、前と同じように、なんとなく話をしながら方向性を決めていった。お互いに「幻の集団が帰ってくる」というイメージを抱いていました。

清水とは、昔から、「あのふたりはおかしいんじゃないか」と言われるほど仲が良かった。清水は、断定的にものを言い、言葉が乾いていて、目に情緒のない女が好き。俺は、髪が長くて、ほっそりしていて、胸のきれいな女が好き。なんていう、お互いの手の内を知り尽くした仲だけれど、あいつは時々裏切るんだよ。櫻社解散の時もそうだし、僕らが敵視していた新劇の大物俳優のために戯曲を書いてもいる。その矛盾が頭にくるのだけれど、憎めない。

『タンゴ・冬の終わりに』（84年初演）で、主人公が亡霊と踊る場面がある。「踊る相手がいなくなっちゃった」という状況は、ある時期の僕の気持ちでした。痛烈な思いで演出したことを覚えています。『タンゴ』はロンドンで英語で上演したけれど、清水の戯曲の魅力である、非論理性や曖昧さは、イギリス人には、なかなか理解されなかった。彼らは、「闇から音楽がわき起こる」というト書きを「カセットデッキから音楽が聞こえてくる」に変えてしまうんです。きっちりした論理では、あの世界は成立しないのに。

1969年、『真情あふるる軽薄さ』の公演チラシより。

**清水はこの十数年、戯曲を書かず、長く療養生活を送る。蜷川は、清水の旧作を次々と演出。中でも『鴉よ、おれたちは弾丸をこめる』は高齢者劇団「さいたまゴールド・シアター」がパリ、香港公演を成功させた**

清水の戯曲は、言葉がいい。読むと、時代の文化状況がよみがえってくる。『鴉よ』でいえば、清水の書く鬱屈は、年寄りがやっても、若者がやっても魅力的な、両義性がある。俺たちは若い頃、老人への恐怖心を抱いていた。自分が老いて、才能がなくなることへの恐れと、黙って生きてきた生活者が本気で怒ったら、俺たちの言語なんてふっ飛んでしまうだろうなという畏れと。自分がその年齢になると、老いの実態というのは、様々なことが絡み合って、分厚いことがよく分かる。理解されないという思いは今もあり、老いと青春がくっついてしまっているようだ。だから、清水の言葉に、いまも生命力を感じるのだと思います。

ただ、清水は本来、繊細でこぢんまりした世界を描くのに向いている。誰かが来て、モノローグがあって、去ってゆくような。そういう小さな話には興味がないから、俺には絶対書かないでくれと言っていたら、清水は書けなくなってしまった。資質とは違う、広いところに引っ張り出して、無理をさせてしまったという思いがあり、旧作を演出する気持ちは複雑です。

熱い思いでともに過ごしてきた清水は「盟友」。「戦友」だとも思う。戦場でもし撃たれたら、俺はあいつの手をひっぱって塹壕に飛び込む。保護しないと危ない「弟」みたいな気がして。でも、あいつは結構ずるいんだよ。権威ある老人に可愛がられるのがうまいからね。そういうところは、頭にくる。

清水とは、ずいぶん会っていない。会うのが怖いんだ。実は病気ではなくて、芝居が書けないから、病気のふりをし続けているのではないかと思えて仕方がない。妄想なのだけれど。もし偽病人だったら、俺、どうしたらいいか分からないよ。

清水邦夫

しみず・くにお　劇作家・作家。1936年新潟県生。早稲田大学に在学中の58年に書いた初の戯曲『署名人』で注目され、劇団青俳に数本の戯曲を書き下ろす。青俳を脱退した蜷川らが「現代人劇場」で『真情あふるる軽薄さ』を上演した同じ69年に『狂人なおもて往生をとぐ』を俳優座が上演。「櫻社」に書いた『ぼくらが非情の大河をくだる時』で74年、岸田國士戯曲賞。櫻社が解散した後、妻の松本典子らと「木冬社」を結成。劇団民藝が上演した『エレジー―父の夢は舞う―』で83年度読売文学賞。91年に『弟よ―姉、乙女から坂本龍馬への伝言―』で芸術選奨文部大臣賞、93年に小説『華やかな川、囚われの心』でも同賞を受けた。木冬社は94年紀伊國屋演劇賞団体賞。

Kunio Shimizu

ロッカー前に、左から銀杏(緑魔子)、婦人警官(桃井かおり)、フーテン(蟹江敬三)。舞台装置は大野泰。1973年5月、アートシアター新宿文化での初演より。

# 盲導犬

作◎唐十郎
初演◎1973年

澁澤龍彦の『犬狼都市』を踏まえて、唐十郎が書き下ろした。コインロッカーが並ぶ新宿の広場で繰り広げられる支配と不服従の闘争の物語だ。

盲目の影破里夫《えいはりお》とフーテン少年が「不服従の犬」ファキイルを探している。そこにやってきた奥尻銀杏《おくしりいちょう》は、バンコクで殺された夫がロッカーに入れた、初恋の人タダハルからの手紙を取り出そうと、鍵穴に爪を差し込む。銀杏は盲導犬学校の一団の中にいたタダハルと再会するが、その「先生」は彼女に犬の胴輪をはめる。

この作品で蜷川は、本物のシェパードを登場させた。鍵穴に詰まった爪は一斉に燃えだし、胴輪を焼き切ろうと破里夫が振り上げたバーナーは激しく火を噴く。獣と炎は怖いほどの迫力だ。

劇の終盤、破里夫が開け放ったロッカーの向こうに南の海が広がり、飛び出した黒い影が銀杏の喉を嚙み切る。彼女は叫ぶ。「ファキイル!」。幻想の海と犬が、都会の片隅に異界を出現させた。

櫻社と新宿文化の提携で、アートシアター新宿文化で初演。出演は石橋蓮司、蟹江敬三、緑魔子。89年に再演（東宝製作、出演=財津一郎、木村拓哉、桃井かおり）。2013年のシアターコクーン公演は古田新太、小出恵介、宮沢りえが出演した。

1975年3月、大映東京撮影所での初演。
主人公のアリダは沢田研二(右)。

# 唐版 滝の白糸

作◎唐十郎
初演◎1975年

廃屋となった長屋を舞台に、青年アリダ、その兄と心中して生き残った女「お甲」、正体不明の男「銀メガネ」らがからむ物語。純粋な若者と死の影を宿す年上の女が、時代に取り残された場所で出会い、甘美で破滅的なドラマが展開する。詩的で謎めいたせりふと日常から飛躍したイメージが彩るこの唐戯曲を、蜷川は4回演出している。

お甲は終幕、「空飛ぶ流し台」の上で手首を切り、ほとばしる鮮血で「水芸」を見せる。蜷川は流し台をクレーンで、中空に飛ばせた。大映東京撮影所での初演（花の社交界プロデュース、主演＝沢田研二、李麗仙〈当時・礼仙〉）では、流し台が観客の頭上に迫った。

再演は89年日生劇場（松竹製作、主演＝岡本健一、松坂慶子）。シアターコクーン（Bunkamura製作）で、2000年（主演＝藤原竜也、富司純子）と13年（主演＝窪田正孝、大空祐飛）に上演されている。

美術はすべて朝倉摂。朽ちかけた物干し台、ひびの入ったガラス窓、忘れられた衣紋掛けなど、精緻なリアリズムで作られた長屋は、貧しい人々の生活のにおいと記憶を宿す。蜷川はこの舞台装置を「庶民のくらしを表現する一つのスタンダード」と語っている。

# 下谷万年町物語

作◎唐十郎
初演◎1981年

スーパーリアルな長屋のセットと、本物の水をたたえた瓢箪池。70人もの女装男娼が歌い踊る。おしゃれなファッションビルの最上階にあるパルコ劇場（当時・西武劇場）は、猥雑なエネルギーで満たされた。

舞台は、唐が生まれ育った東京の下町、下谷万年町と浅草。唐自身を思わせる「文ちゃん」（実際、複数キャストの一人として唐が演じた）が、注射器で身体から空気を抜くと、少年だった昭和23年に時間が飛ぶ。そこでは、警視総監が男娼たちに襲われて帽子を奪われる事件が起き、池の底から現れた男装の麗人キティ・瓢田（お瓢）が、劇場「サフラン座」の旗揚げを夢見ている。

演出家志望の洋一と後に劇作家になる少年（文ちゃん）は、生まれた時、手の指が6本あった。過剰な情熱の象徴である指は切り落とされてもなお、日常への反逆と夢を追う情熱をかき立て、お瓢と共振する。

1981年2月、パルコ劇場（当時・西武劇場）にて。美術は朝倉摂。瓢箪池には水が張られた。照明は吉井澄雄。音楽は猪俣公章。

上／サフラン座を夢見るお瓢（李麗仙〈当時・礼仙〉）。下／娼夫たち。2点とも81年の初演より。

お瓢は李麗仙（当時・礼仙）、洋一はまだ無名だった渡辺謙が演じた。

2012年のシアターコクーン公演では、お瓢を宮沢りえ、洋一を藤原竜也、少年を西島隆弘。この時も唐は大人の「文ちゃん」で登場した（ダブルキャスト）。

# ふたりの劇詩人とともに、いまも
# ——唐十郎、そして清水邦夫

演出家は、劇作家という他人が書いた言葉でしか語れない。蜷川は、その不自由さの中で生きると決めている。だから、原則として台本に手を加えない。せりふは一字一句変えないし、ト書きに書かれていることも、基本的に、その通りにする。

いまに続くその姿勢を作ったのは、演出家になりたての頃から、ともに走ってきたふたりの劇作家、清水邦夫と唐十郎への深い敬意だ。

清水は「盟友」であり「戦友」。一方の唐は、5歳下ながら「畏友」ともいえる存在だ。

唐との出会いは1972年。唐が率いていた「状況劇場」が『二都物語』を上演していた東京・上野の不忍池だった。現代人劇場を解散したばかりだった蜷川は唐の才能に衝撃を受けた。この尊敬は長く続き、蜷川は一時、唐の演出助手になろうと本気で考えたという（実際、83年の唐作・演出『住み込みの女』では演出助手を務め、「鼠男」役で出演もしている）。

初対面で戯曲を依頼し、出来たのが『盲導犬』だ。奔放な舞台とは対照的に、唐は、原稿を蟻の行列のような細かい字できちょうめんに、刻みつけるように書く。蜷川は新宿の喫茶店でその原稿を受け取り、近くの書店でコピーしようとしたところ、複写機が火を噴いた。もう一台もまた、ボンッ。「すごい劇作家の言葉はコピー機を2台も壊す」と、蜷川はこのエピソードをしばしば語っている。

2年後の74年、大劇場で演出を始めたことで櫻社が解散し、蜷川は強い孤立感の中にいた。そこへ唐から電話があった。『唐版　滝の白糸』演出の誘いだった。「オレ、いま評判悪いから」とためらう蜷川に、唐は「そんなの関係ないよ。才能と仕事するんだから」と応えた。これもまた、蜷川が度々語るエピソードである。

唐・蜷川コンビは80年代、パルコ劇

沢田研二が主演（アリダ役）を務めた『唐版　滝の白糸』初演（1975年）ポスター。

場（当時・西武劇場）で、『下谷万年町物語』と『黒いチューリップ』を上演した。空前の好景気へと向かってゆく時代、都市の流行を生み出す最先端のファッションビルにあるおしゃれな劇場に、アングラの両雄が乗り込み、おびただしい人数の男娼が跋扈する下町や、パチンコ店を出現させた。

同じ頃、蜷川は櫻社解散で疎遠になっていた清水とも再会。82年に日生劇場で清水作『雨の夏、三十人のジュリエットが還ってきた』を上演した。かつて少女歌劇団の娘役だった風吹景子が、パートナーの男役スター弥生俊を30年以上待っている物語。幻の中で生きる景子のもとに、ある日、俊とかつての歌劇団員が還ってくる。再会の喜びと、ノスタルジーを否定する苦さを含むこの戯曲には、清水の蜷川への思いが投影されている。その2年後の84年、ふたりの代表作の一つ『タンゴ・冬の終わりに』が初演される。

その後も清水は蜷川に『血の婚礼』などを書き下ろした。ただ、美空ひばり主演で企画された『カルメン』をモチーフにした舞台が美空の病気で実現せず、93年に銀座セゾン劇場で上演予定だった戯曲の執筆を清水が断念してからは、ふたりのオリジナルの新作はない。その後清水は療養生活を送っている。蜷川は相棒を鼓舞するように、かつて一緒に作った作品を演出し、また、他の演出家が初演した『幻に心もそぞろ狂おしのわれら将門』『わが魂は輝く水なり』『火のようにさみしい姉がいて』に次々取り組んでいる。

唐は2012年に転倒して頭を打ち、手術を受けた。主宰する劇団唐組の舞台には戻ったが、まだ新作戯曲は発表していない（15年11月現在）。蜷川は唐作品も、新キャストで再演を重ねている。

湿り気を帯びた澄んだ冷気、雪の重さ、寡黙な人々……。清水戯曲には故郷・新潟を思わせる日本海沿岸の風土が息づく。東京の下町に生まれ、紅テント越しに聞こえる都会の喧騒の中で芝居を続けてきた唐の戯曲には、猥雑さと活力がみなぎる。作風は異なるが、共通するのは、言葉の美しさとあふれる詩情である。

演出家蜷川は、この「劇詩人」ふたりに強い刺激を受け続けてきた。そして、その言葉を新たに演出し、「いま」の世に問い続けている。

写真は『下谷万年町物語』の文ちゃん（2012年、シアターコクーンにて）。

## 唐十郎

から・じゅうろう　劇作家・演出家・俳優・作家。1940年生。63年に状況劇場を旗揚げ。「特権的肉体論」を掲げ、無頼のエネルギーを放射する俳優たちと「紅テント」で活動。戒厳令下の韓国やバングラデシュ、パレスチナでも公演した。「テントは身体で言えば皮膚。その中で血が騒ぎ臓器たちが躍動する」と表現している。芝居の最後にテントをはね上げ、劇が現実の街に飛び出してゆく作品が多い。70年『少女仮面』で岸田國士戯曲賞。83年に『佐川君からの手紙』で芥川賞を受賞した。88年に状況劇場を解散、唐組を結成。2003年上演の『泥人魚』で鶴屋南北戯曲賞、紀伊國屋演劇賞個人賞、読売文学賞。代表作に『二都物語』『唐版　風の又三郎』『ジャガーの眼』など。

インタビュー

# 石橋蓮司

# 役者としての立脚点

**劇団青俳の研究所に入った時、蜷川は中堅の先輩だった。だが、俳優としての印象は薄いという**

１９６７年に劇団の稽古場で上演した、ドイツの作家、ヴォルフガング・ボルヒェルトの詩や小説を蜷川さんが構成・演出した舞台に小さな役で出たのが、「出会い」。自分たちの鬱積や衝動の表現として、青俳のやり方でいいのかと悩んでいた時期だったので、なんて斬新な演出だろうと、一発で心を奪われました。

だから「現代人劇場」を作るのに参加しました。『真情あふるる軽薄さ』では群衆の一人。役は自分で作らなければいけないので、「ゴルフをやるプチブル」にしました。せりふは4つか5つだったけれど、最終的にはすごくしゃべっていた。それを蜷川さんは面白がって全部認めてくれた。その後、蜷川さんの劇団の若手から「『蓮司は自分でどんどん作ってきたぞ。そういう風にならないとダメだ』と叱られた」と聞いて、嬉しかったですね。

68年に旗揚げした劇団ですから、政治の季節とリンクしていました。佐藤栄作首相の訪米阻止や米軍の王子野戦病院反対、三里塚などの闘争があり、新左翼の動きが活発化して、一部は武装しだす。ざわざわした時代です。舞台に出ていた「群衆」の中には全共闘も反戦闘争をやっている者もいた。逮捕されて、急に来なくなった者もいた。そんな時期に、政府が騒擾罪を適用した現場である新宿でやる芝居ですから、観客の熱さに応えな

櫻社の旗揚げ公演『ぼくらが非情の大河をくだる時』の稽古風景より。右は蟹江敬三。1972年、アートシアター新宿文化にて上演。

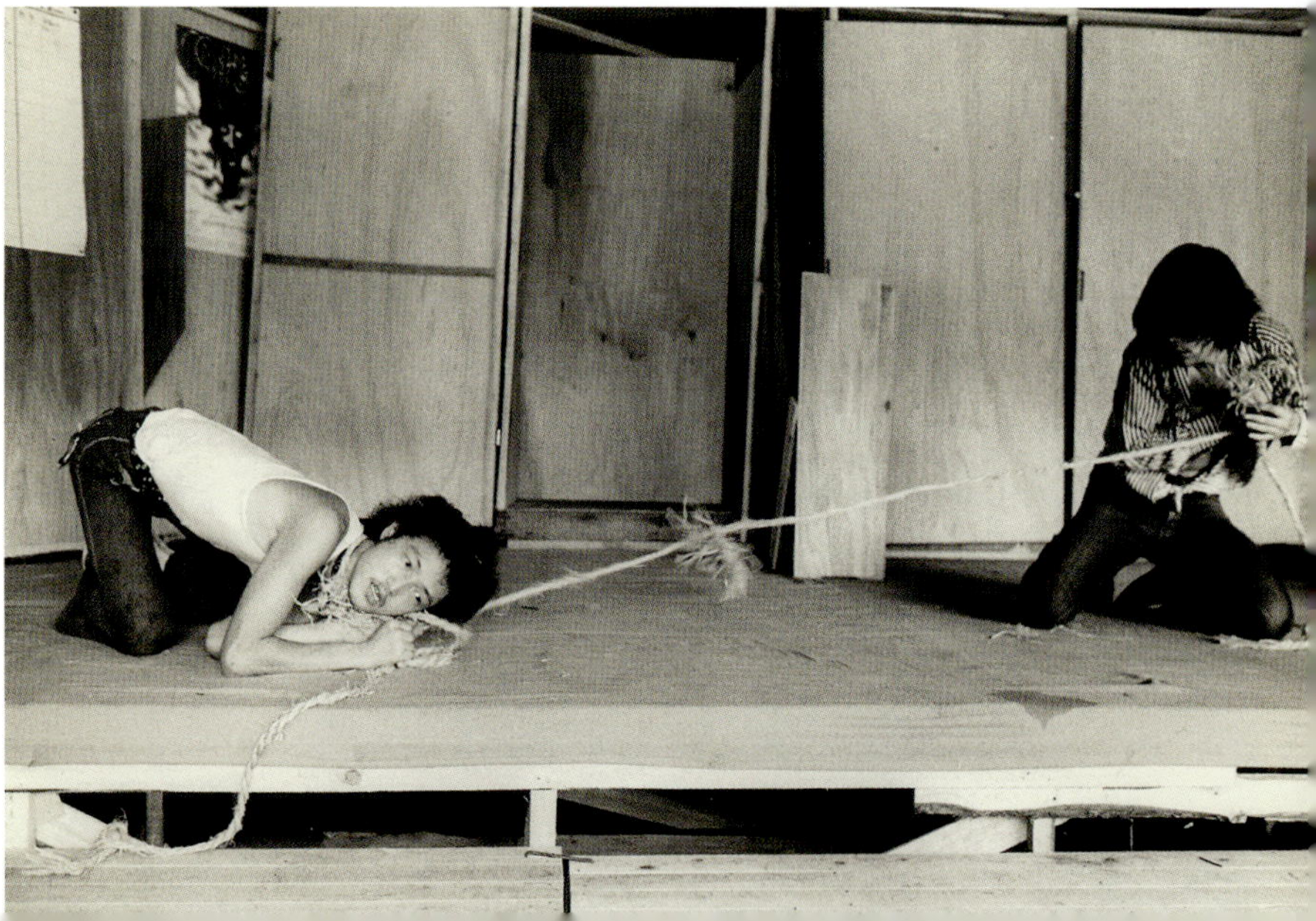

現代人劇場にて、蜷川(右)と。

ければ、という気持ちが非常に強かったですね。

時代状況に対する思いを、演劇を通して主張してゆくのが蜷川さんの姿勢。それには賛成でした。もちろん一緒にデモにも行きましたけれど。

自分たちを鍛えるために、無料の稽古場公演もよくやりました。その1本、清水邦夫さんの『明日そこに花を挿そうよ』で「灸」を演じました。当時付き合っていた緑魔子が「チー子」で。初めて演出家・蜷川幸雄と正面から向き合った。ものすごく罵倒されました。「殴って、やめちゃおうかな」と思うぐらい。あの人はよく、テーマを背負った役者に激しくダメ出しをすることで、その芝居を演ることの趣旨を他の役者に伝えようとする。その標的になっちゃったんです。

僕らは表現のディテールを大切にしようとします。でも、それをすべて切ってくる。「そういうのをセンチメンタルというんだ」と。「感じるものを昇華し、凝縮させて提示しろ」「だらだら説明するな」というダメ出しが圧倒的に多かった。そう言われても生理がついていかない。だから、役者の生理を凝縮させるために罵詈雑言を使う。「バカ」「センチメンタル」「てめえに未来はない」とか、ね。傷つけられて自らが無意識化していた生理がウワァーと湧き上がってきて、うまく切り返せれば、いいんです。一度「通じたな」と分かると、もう、ダメ出しは来なかったです。

蜷川さんにとって、「蜷川イズム」の伝え方は、理論での説得でも、やってみせて真似しろということでもなかった。「自分は演劇というものをこう考えている」というのをぶつけることだったのだと思います。最初は納得出来ないこともあったけれど、演劇とは何か、役者はどうあるべきなのか、自分なりに理解できた。大きな影響を受け、よそへ行っても、自分の立脚点が見え、自信が持てました。

唐十郎さんの「状況劇場」、寺山修司さんの「天井桟敷」、鈴木忠志さんの「早稲田小劇場」、佐藤信さんの「黒テント」等、それぞれが独自の演劇スタイルで活動していた時期でしたので、蜷川さんにとっても「蜷川演劇」を確立しようと模索していた時期だったのでしょう。

「現代人劇場」の解散は、71年。安保が終わった時で、その揺れも影響したと思う。でも、大きかったのは岡田英次さんたちの目指す演劇とのずれでしょうね。当時はどの劇団も3年くらいで分解したり、くっついたりしていましたから。

「櫻社」には蜷川さんから電話で誘われ

ました。清水さんも一緒で、清水さんとはふたりでよくお酒を飲みました。清水さんは寡黙で難しいことは言わないけれど納得の出来る言葉でいろいろ話してくれました。

清水さんの戯曲は、当時の自分の時代認識と擦れ違いがない。さっとその世界に入れるんです。公演間近に持ち込まれた原稿のガリ版を切りながら、「たぶん、この役が俺だな」と思うと、その場でせりふを覚えて、蟹江敬三とふたりで公園へ行って、「お前どう動く、俺はこうやるぞ」と言い合いながらせりふ合わせして、1日置いた立ち稽古では、もう台本を離してラストまでやれた。それくらい、覚えやすかったです。

唐十郎さんは櫻社に『盲導犬』を書いてくれました。清水さんの戯曲は、「このせりふを今自分が言えるか」と自己検証しないといけない感じがするのですが、政治も時代も全て呑み込んで、掻き回し、飛翔する唐さんの戯曲は、無責任でもいいから、感覚を広げないと、やれない。『盲導犬』で演じた影破里夫《えいはりお》の「韃靼を越え、ペルシャを越え、ナイルをさかのぼるんだ！」という最後のせりふは、唐さん自身の演劇思想だというのがよく分かるので、うわーっとロマンの方に持ち込みました。唐さんのせりふを言うのは楽しいですが、そのままついていくと、とてつもなく自分たちの現実とはぐれてしまう危険がある。だから、その後、自分で演出するようになってからは、なるべく自分たちの距離感との差を感じながら演るようにしています。

## 蜷川の「日生劇場」での演出をきっかけに、櫻社は74年、解散

70年安保闘争後のこの時期、政治的にも演劇的にもなんか白けた状況で、自分たちの舞台を観に来る観客も冷めている。このままでは、自分たちの表現は終わってしまう、何か大きな演劇的転換が必要だと、演出家である蜷川さんは感じていたのだと思います。

一方で、心情的には、このままでまだまだやっていけると思う者たちとの時代認識に大きな隔たりが出てしまった。

そして蜷川さんの日生演出をキッカケにそれが明らかになってしまった。だったら一旦解体して出直そうということになったのではと思います。

## 石橋はその後、「第七病棟」を作った

政治的理念ではなく、演劇で集ったんだから演劇をやりながら別れようと、蜷川さんと別れて、行き場を失っていた連中と1回限りの公演を企画しました。それが『ハーメルンの鼠』(唐十郎作、佐藤信演出)。

蜷川さんとはその後、映画『魔性の夏』に出たり、蟹江と3人で『同窓会』というテレビ番組で会ったり、交流は続いています。お互いの考え方と、時代の状況を再認識できる作品があれば、ぜひ、また一緒にやりたいです。我々がなぜ別れ、再会するのか。演劇がどう成立し、途絶え、また続いていくのか。そんな心情を託せる戯曲なら、シェイクスピアでも、『ヴォルフガング〜』のような作品でもいい。清水さんのホンなら、最高ですけれど。やるからには、役者として演出家としっかり対峙したいですね。たとえ衰えていても万全な体調で、演出を触発したいと思っています。

Profile

いしばし・れんじ　俳優・演出家。1941年生。子役として映画で活躍。日本大学芸術学部を中退して、劇団青俳の研究所に入る。現代人劇場、櫻社で全ての蜷川作品に出演。櫻社を解散後、妻の緑魔子らと「第七病棟」を結成。都会の中で忘れ去られたような銭湯や映画館の廃墟を長期間かけて劇場に改装するスタイルで『ビニールの城』『雨の塔』(いずれも唐十郎作、石橋演出)などの秀作を上演している。舞台ではほかに、佐藤信演出『ゴドーを待ちながら』『リア王の悲劇』などに主演。映画やドラマへの出演も数多い。

# 蜷川幸雄をめぐる人々 2

## 俳優

### 岡田英次

おかだ・えいじ
1920年生(1995年没)

『真情あふるる軽薄さ』(1969年)
中年男

新協劇団を経て、1954年に木村功らと劇団青俳を設立。知的な二枚目として映画でも活躍し、『また逢う日まで』『真空地帯』『砂の女』など多くの名作に出演。アラン・レネ監督のフランス映画『二十四時間の情事』にも主演した。現代人劇場を作る際には、青俳の中核俳優でただ一人参加し、稽古場代の約200万円を提供。『真情〜』で若者を抑圧する中年男を演じたが、翌年劇団を離れた。

### 真山知子

まやま・ともこ
1941年生

『真情あふるる軽薄さ』(1969年)
女0

東映ニューフェイスを経て、1962年劇団青俳へ。初めて出た清水邦夫作『逆光線ゲーム』(63年)で蜷川と共演した。その後、新幹線でたまたま隣に座ったことから親しくなった蜷川と66年に結婚。現代人劇場の結成に参加し、『真情あふるる軽薄さ』の「女0」、『想い出の日本一萬年』の卒塔婆の山の上にいる「花子」などを演じた。妖艶な悪女役などで映画やドラマでも活躍し、一時は、蜷川が家事、育児を担当した。78年の次女出産を機に俳優業を休み、80年代から本名・蜷川宏子でパッチワーク・キルト作家として活動。展覧会や著書も数多い。

### 緑魔子

みどり・まこ
1944年生

『盲導犬』(1973年) 奥尻銀杏

1964年に東映映画『二匹の牝犬』でデビュー。コケティッシュな若手スターとして数多くの映画に出演する一方、70年代からはアングラ演劇へも数多く出演。初期の蜷川作品で、『明日そこに花を挿そうよ』のチー子、『鴉よ、おれたちは弾丸をこめる』の鴉婆、『盲導犬』の奥尻銀杏という、劇的なヒロインを演じた。94年には全員女性キャストによる蜷川演出『ゴドーを待ちながら』でエストラゴンも。

### 蟹江敬三

かにえ・けいぞう
1944年生(2014年没)

『真情あふるる軽薄さ』(1969年)
青年

1964年、劇団青俳の研究所に入り、蜷川と出会う。稽古場での『ヴォルフガング〜』公演には、「蜷川の初めての演出だから」と、テレビ出演を断って参加。現代人劇場、櫻社と蜷川と行動をともにし、精悍な風貌で、『真情あふるる軽薄さ』の青年、『想い出の日本一萬年』のタロ、『ぼくらが非情の大河をくだる時』の詩人など、青春の鬱屈を抱え、社会へ異議を申し立てる主役を演じた。蜷川は「僕はカニの信頼をたよりに演出家になった」と語っている。櫻社解散後は映画、テレビを中心に活躍。年齢を重ねてからは人情味あふれる役柄が増え、幅広く人気を集めた。

蜷川幸雄の仕事

2

# シェイクスピアとの出会い

蜷川幸雄を広い世界へ羽ばたかせたのは、シェイクスピアの戯曲だった。それは、この世のすべてを映す「鏡」。崇高で猥雑なその劇世界を、蜷川はダイナミックに視覚化し、世界の人々の心を揺さぶっている。

『NINAGAWAマクベス』の舞台セット。仏壇のなかでシェイクスピア劇が繰り広げられる装置は妹尾河童が担当した。1987年12月、帝国劇場にて。

# ロミオとジュリエット

作◎ウィリアム・シェイクスピア
初演出◎1974年

1974年5月、日生劇場公演より。ロミオ(松本幸四郎〈当時・市川染五郎〉・右)とジュリエット(中野良子・左)。

イタリア・ヴェローナ、いがみあう二つの名家に生まれたふたりが、出会い、恋におち、引き裂かれ、死によって永遠に結ばれるまでを、わずか4日間で駆け抜ける。

初めてのシェイクスピア、そして、蜷川の運命を変えた作品だ。東宝製作、日生劇場での公演は、松本幸四郎(当時・市川染五郎)と中野良子が主演。60人もの群衆がひしめく開幕、高い壁を使ったバルコニーの場など、「無名の人々」の視点、垂直軸の強調といった演出手法は既に現れていた。それまでのシェイクスピア上演とはまったく違う、速く激しい舞台を若い評論家は積極的に評価し、ベテラン評論家は強く批判した。

蜷川はその後、3通りの演出で、この作品に取り組んだ。まず、1998年、彩の国シェイクスピア・シリーズの第1作として(大沢たかお、佐藤藍子主演)。2004年には日生劇場で当時22歳の藤原竜也、17歳の鈴木杏を演出した。舞台は遺影のような若者の写真で埋め尽くされ、死者たちのまなざしの中を、初々しい恋の喜びと悲劇が疾走した。14年には彩の国「ニナガワ×シェイクスピア　レジェンド」の第1弾として、全員男優で上演(ロミオ=菅田将暉、ジュリエット=月川悠貴)。

リア王（ナイジェル・ホーソン・左）と道化（真田広之・右）。1999年9月に上演された日英合作・英語版より。彩の国さいたま芸術劇場大ホールにて。

# リア王

作◎ウィリアム・シェイクスピア
初演出◎1975年

ブリテン王リアは領土を譲るため、3人の娘を集める。長女と次女は飾り立てた言葉で父の歓心を買うが、愛を過大に表現しない末娘コーディリアは逆鱗に触れ、勘当同然でフランス王に嫁ぐ。2人の姉娘に裏切られ、嵐の荒野をさまようリア。父を助けに来たコーディリアと再会するが、姉たちの軍の捕虜となり、ふたりとも命を落とす。

悲劇の最高峰とされるこの作品と、蜷川は4度向き合っている。最初は1975年の日生劇場。32歳の松本幸四郎（当時・市川染五郎）がリアを演じた。91年には東京のグローブ座で能をイメージした簡素な演出を試みた（津嘉山正種主演）。

99年から2000年にかけては、彩の国さいたま芸術劇場と英国ロイヤル・シェイクスピア・カンパニーとの合作で、英国人俳優を演出。主演はナイジェル・ホーソン。日本からは「道化」で真田広之が一人だけ参加した。嵐の場面で空から石が降るなど、英国では賛否があったこの時の演出を踏まえ、発展させたのが08年の彩の国での公演。主演の平幹二朗が、演出に拮抗する大きさで老王の怒りと悲しみを体現。圧倒的なリアを造形した。並行するグロスター父子の物語にも膨らみがあり、壮大で彫りの深い悲劇となった。

# ハムレット

作✪ウィリアム・シェイクスピア
初演出✪1978年

シェイクスピアの最高傑作とされる悲劇。よく知られた作品だが、様々な解釈が可能で、その謎めいた奥深さから、「演劇のスフィンクス」「演劇のモナ・リザ」とも呼ばれる。

デンマーク・エルシノア城に亡くなった前王の亡霊が現れる。それを親友のホレイシオに知らされた王子ハムレットは、深夜、父の亡霊と向き合う。亡霊は、自分は弟クローディアスに殺害されたと告げる。クローディアスはいま、ハムレットの母ガートルードと結婚し、王位に就いている。ハムレットは復讐を誓う。

父の死の直後に再婚した母への愛憎、宮廷長官ポローニアスの娘オフィーリアとの恋などもからませながら、「いかに生きるか」を深く思索する王子を描く。

蜷川はこの戯曲を「巨大な構造物」ととらえ、演出することを「ヨーロッパ演劇との格闘」と表現。繰り返し、異なる設定で取り組んできた。2004年には、英国の劇場に招かれて、現地キャストを演出。プリマス、エディンバラ、ロンドンなど8都市で上演した。

初めて演出した舞台でハムレットを務めたのは平幹二朗。1978年8月、帝国劇場にて。

蜷川幸雄にとって『ハムレット』は、特別な戯曲である。1978年から2015年までに8通りも演出している。これほど何回も、その都度異なるアプローチで取り組んだ作品は他にない。主演も平幹二朗、渡辺謙、真田広之、市村正親、藤原竜也、マイケル・マロニー（英国のみで上演）、川口覚と、タイプの異なる俳優たちが務めている。

そそりたつ階段、桃の節句の雛壇、テレビと鏡が並びカーテンが揺れる劇場の楽屋、フェンスや有刺鉄線に囲まれた空間――。上演の度に蜷川は、様々な世界の中に『ハムレット』を置いてきた。

若手劇団「さいたまネクスト・シアター」による『2012年・蒼白の少年少女たちによる「ハムレット」』では、劇中に突然、演歌の「こまどり姉妹」を登場させ、観客を呆然とさせた。70歳を超えた双子の姉妹が、キラキラの振り袖姿で歌う「幸せになりたい」にこもる生命力と生活感が、「蒼白の」若者たちを圧倒した。

これは、西洋の古典と、日本人の精神の古層を結び付ける、あるいは、激しく衝突させることで、日本語でハムレットを演じる意味、観劇する意味を問いただすような演出であった。

2015年1月には、藤原竜也が12年ぶり2度目のハムレットを演じた。彩の国さいたま芸術劇場大ホールにて。

## 西洋と衝突し 普遍性追う

15年の公演では、藤原竜也が2度目のハムレットに挑んだ。舞台装置は、日本のうらぶれた長屋。冒頭に《19世紀末、『ハムレット』が日本で初めて上演されたのと同じ頃に建てられた長屋の前庭で行われる、最終稽古》という枠組みが示された。先王の亡霊は朽ちかけた物干し台に現れ、デンマーク王室の人々は貧相な引き戸から出入りする。一見して、大いに違和感がある。しかし、その先に普遍性がある。端的な例が、平幹二朗演じるクローディアスの「祈り」。ここで平は、服を脱ぎ捨て、井戸端で水をかぶり、「禊ぎ」をする。汚れた手で王位と王妃を奪った男の葛藤が、鮮やかに伝わり、見る者の「腑に落ちる」場面だった。

運命と正対する王子ハムレットを、藤原は高い集中力と熱量で演じた。主人公が倒れた後、王国を引き継ぐのはノルウェー王子フォーティンブラス（内田健司）。彼は痩せた裸の肩を丸め、静かな声でドラマを締めくくる。終幕を破壊と暴力で表現してきたこれまでの演出とは正反対の、異色の造形だ。2015年のいま、蜷川はこの内省する若者に、未来を託したのだ。

仏壇の中で演じられる『NINAGAWAマクベス』。1980年2月、初演でマクベスを演じたのは平幹二朗(中央)。

# NINAGAWAマクベス

作◎ウィリアム・シェイクスピア
初演出◎1980年

蜷川が追いかけてきた、日本人が作り、日本人が観るシェイクスピア劇の代表作。役名とせりふは原作のままで、物語を安土桃山時代に置き換えた。

舞台全体を巨大な仏壇が覆っている。両脇の客席通路から2人の老婆が歩み寄り、ゆっくりと仏壇の扉を開ける。すると、紗幕越しに満開の桜が浮かび上がる。舞台の隅に座った老婆たちは、それを眺めながら、お茶を飲んだり、お菓子を食べたりし始める。日常生活を送る彼女たちのまなざしの中で、マクベスの悲劇が展開する。

スコットランドの武将マクベスは、「王になる」という魔女の予言に背を押され、主君ダンカンを殺害。王位を守るため、殺人を重ねる。だが、手についた血の汚れは、マクベス夫妻から心の平安を奪う。魔女は再び、予言する。「女から生まれた者にマクベスは倒せない。バーナムの森が攻め上ってこなければ敗れない」。安堵するマク

ベスだったが、ダンカンの遺児マルカムらの軍勢と戦うその目に、動く森が見える。

3人の魔女は歌舞伎の女形、マクベスから逃れたマルカムが身を寄せているのは仏像が並ぶ寺の一隅、バーナムの森は満開の桜——と、日本の様式美を駆使して、蜷川はこの劇を「わたしたちの物語」にした。せりふにも、構成にも手を加えず、日本の観客と結びつけることに成功したのだ。

黒澤明監督が『マクベス』を翻案した映画『蜘蛛巣城』に挑もうという野心があったといい、「黒澤さんが白黒映画なら、僕はカラー映画のように創りたいなと思った」と語っている。マクベス役は初演から85年まで平幹二朗。津嘉山正種、北大路欣也に交代して98年まで上演された。夫人役はすべて栗原小巻。この演出は2015年に市村正親、田中裕子の出演で復活した。

蜷川は2001年、彩の国で異なる演出にも取り組んだ。舞台は、ベトナム戦争後を思わせる、荒廃したアジア。唐沢寿明、大竹しのぶが出演し、翌年ニューヨークでも公演した。

# テンペスト

作✪ウィリアム・シェイクスピア
初演出✪1987年

シェイクスピアの単独執筆としては最後の戯曲。復讐が赦しに変わるロマンス劇だ。

ミラノ大公だったプロスペローは幼い娘ミランダとともに孤島に流された。12年後、プロスペローは魔法で嵐を起こして船を海に沈め、ナポリ王一行と、自分を陥れた弟を島に招き寄せる。ナポリの王子とミランダは恋に落ち、プロスペローは空気の妖精エアリエルを使って弟らを懲らしめる。爵位を回復したプロスペローは弟らの罪を赦し、自ら魔法の力を捨てる。

蜷川はこの劇に、「佐渡島にある朽ちかけた能舞台で人々が芝居の稽古をしている」という外枠を付けた。開演前から舞台上で着替えや談笑をしていた俳優たちは、プロスペロー役の俳優のもとに集まり、その合図で素早く散

1987年3月、日生劇場での初演より。佐渡の能舞台で物語が展開する。装置は鈴木俊朗、照明は原田保、音楽は宇崎竜童。

プロスペロー（平幹二朗・左）とその娘ミランダ（田中裕子・右）。1987年3月、日生劇場にて。

り、激しい嵐の場面が始まる。魔法で人や妖精を操るプロスペローは演出家であり、佐渡に流された世阿弥のイメージも重ねられている。

　風呂敷やこいのぼりなどを使った衣装を着けた道化や島の怪物キャリバンらは狂言風の演技で笑わせ、エアリエルは軽やかに空を飛ぶ。そして、人々も妖精も、恨みと支配から解き放たれ、自由になる。

　平幹二朗主演の初演は日生劇場で、「佐渡の能舞台でのリハーサル」という副題がついた。その後、壌晴彦、津嘉山正種主演で、英国エディンバラ、ロンドンなどでも上演。2000年彩の国で、平のプロスペローが復活した。

# 夏の夜の夢

タイテーニア（白石加代子・左）とオーベロン（瑳川哲朗・右）の妖精夫婦。小峰リリーによる鮮やかな衣装が白い砂のセットに映える。2000年4月、彩の国シェイクスピア・シリーズ第5弾上演より。

作◎ウィリアム・シェイクスピア
初演出◎1994年

悲劇を得意にしてきた蜷川が、初めて演出したシェイクスピア喜劇。人間と妖精たちが入り乱れるアテネの森の夜に、意表をついたアイディアを次々と盛り込み、おおらかな笑いにあふれた、祝祭的な作品にした。

京都・竜安寺の石庭を思わせる、白い砂が敷き詰められた舞台。妖精たちは地面の下から現れる。シーシュースと妖精の王オーベロン、ヒポリタと妖精の女王タイテーニアは、原田大二郎（再演から瑳川哲朗）と白石加代子がともに二役で演じた。

芝居の稽古のために森へやってくる「職人たち」が愉快だ。スクーターや自転車に乗って登場。「まずは腹ごしらえ」なのか、簡易コンロで焼きそばを作り始めて、客席を大いに沸かせた。京劇俳優の林永彪が演じたパックは、アクロバティックな演技で目を奪い、まぶたに「ほれ薬」を塗られ、ロバの頭になった鋳掛け屋のボトム（大門伍朗）を恋する白石のタイテーニアは、かわいらしさも、おかしさも、強烈だ。

初演は、東京・新大橋にあった小劇場ベニサン・ピットでの自主公演だった。2000年まで、さいたまなど各地の劇場で上演を重ね、ロンドン、パリなどでも公演した。

2005年7月歌舞伎座にて。男装して獅子丸と名乗っている琵琶姫（尾上菊之助・左）と織笛姫（中村時蔵・右）。巨大な鏡を使った舞台装置は金井勇一郎。

# NINAGAWA十二夜

作◎ウィリアム・シェイクスピア
脚本◎今井豊茂
初演◎2005年

シェイクスピア喜劇を翻案した新作歌舞伎。尾上菊之助の発案で実現した。蜷川は「歌舞伎の国へ留学するつもり」と語り、歌舞伎の様式を尊重しつつ、独自色を出した。

歌舞伎座の幕が開くと、舞台一面の鏡が現れ、客席がそっくり映る。照明が入ると鏡が透け、満開の桜の下で、南蛮風の装いの少年がチェンバロの伴奏で聖歌を歌っている。「そっくりな双子」という物語のモチーフを示しながら、幻想的な世界に誘う、魔術のような演出だ。

嵐の海で遭難した琵琶姫（原作ではヴァイオラ）は、漂着した街で男装して獅子丸（シザーリオ）と名乗り、大篠左大臣（オーシーノ公爵）の小姓となる。左大臣は織笛姫（オリヴィア）に恋をしているが、姫は使いに来た獅子丸に心引かれ、獅子丸＝琵琶姫は左大臣を慕う。三つの片思いが憂いを帯びて進む一方、織笛姫の屋敷では、尊大な用人・丸尾坊太夫（マルヴォーリオ）に腰元・麻阿（マライア）らが仕掛けるいたずらが爆笑を呼ぶ。琵琶姫の双子の兄・斯波主膳之助（セバスチャン）の出現で、もつれた恋はほぐれる。

菊之助は琵琶姫、獅子丸と主膳之助を鮮やかに演じた。07年再演、09年にロンドンでも公演。

〝じゃじゃ馬〟のキャタリーナ（市川猿之助〈当時・市川亀治郎〉・右）、後方には右からペトルーチオ（筧利夫）、ビアンカ（月川悠貴）、ルーセンショー（山本裕典）ら。オールメール・シリーズは『お気に召すまま』（2004年）からスタートし、本作が第5弾となった。

オールメール・シリーズ

# じゃじゃ馬馴らし

作◎ウィリアム・シェイクスピア
初演出◎2010年

シェイクスピア劇の中には、現代の価値観では上演しにくいものがある。代表的な一つが、この作品。なにしろ、大富豪のじゃじゃ馬娘キャタリーナに、ペトルーチオが持参金目当てで結婚を申し込み、食事をさせず、眠らせないというやり方で「調教」し、従順な妻にするという話なのだ。この「ひどい話」をどう料理するか。

蜷川は二つの手法をとった。まず、全員男優（オールメール）の配役。キャタリーナは、歌舞伎俳優の市川猿之助（当時・市川亀治郎）が演じた。明晰なせりふ術と抜群の身体能力で、相手かまわず毒づき、ドレス姿で暴れ回る。リアルな演技と女形の様式を使い分け、時にはわざと「男」も見せる多彩な技で、猪突猛進する筧利夫のペトルーチオを貫禄でいなす。ストーリーの「ばかばかしさ」を批評する冷めた視線を表現しつつ、愛嬌もたっぷり。蜷川シェイクスピア史上、〝最強〟のヒロインを造形した。

もう一つは、この話が、道ばたで寝込んだ酔っ払いの鋳掛け屋をからかうために領主が仕組んだ芝居であるという、劇の枠組みの強調だ。これはいたずらですよ、とはっきり示すことで、物語の持つ不快感をぬぐい、安心して笑える喜劇にした。

# シェイクスピアとともに大劇場へ、世界へ

「もしもシェイクスピアがいなかったら……」

出版社は儲けそこない、英文学者は博士になれず、創作劇に乏しい新劇界はほとほと困り――と続く、愉快で皮肉なこの文章は、井上ひさしの戯曲『天保十二年のシェイクスピア』の劇中歌の一節だ。

私たちはそこに、こんな歌詞を付け加える必要があるかもしれない。

「蜷川幸雄のキャリアが変わり、日本の演劇史を書き直さなければ」

## 異文化との衝突

シェイクスピアは蜷川の運命を大きく変えた。東宝の中根公夫プロデューサーに誘われて、初めて大劇場の演出に挑んだ作品が1974年の『ロミオとジュリエット』。それまで同時代を生きる若者たちの共感の中で芝居を作り、同じ空気を吸っている観客たちに作品を提示してきた蜷川は、演出家として初めて、海外の古典劇と向き合った。

当時をこう回想する。

「自分たちと同時進行の物語ではないという感じは確かにあった。でも、人間には、男が女を好きになったら、たとえ破滅しようともひた走る、普遍的なものがある。時間や空間を潜り抜けてもなお僕らに届くものをよりどころに物語を作ろうと思った」

だが、商業演劇という場は、様々な意味で勝手が違った。

蟹江敬三や石橋蓮司らと、稽古初日から本番に近いせりふと動きで戯曲に向き合ってきた蜷川にはまず、稽古場の緩んだ雰囲気が我慢ならなかった。せりふを覚えていない。サングラスをかけたまま。スリッパ履き。殺陣では剣の代わりにホウキの柄を振り回す。蜷川は、「バカヤロー」を連発し、灰皿を投げつけた。時には靴も、椅子も投げた。「蜷川＝灰皿を投げる」伝説はここから始まる。

もちろん、素晴らしい出会いもあった。主演の松本幸四郎（当時・市川染五郎）が稽古初日に、完璧に覚えたせりふを自然に言いながら登場した時の見事さを、蜷川は後々、繰り返し語っている。この作品に参加した美術の朝倉摂、照明の吉井澄雄、衣装の小峰リリーら一流のスタッフは、その後も長く、蜷川演劇を支えてゆく。

商業演劇という「異文化」の中で様々なアレルギー反応を起こしながら、蜷川は『ロミオとジュリエット』を作りあげた。開幕後は評論家との闘いはあったものの、これまでとは異なる大

シェイクスピア四大悲劇の一つ『オセロー』より。オセロー（吉田鋼太郎・左）とデスデモーナ（蒼井優・右）。2007年、彩の国さいたま芸術劇場大ホールにて。

劇場の観客にも受け入れられた。

　はっきりしたのは、蜷川の演出には、シェイクスピアが合っていた、ということだ。

　戯曲の骨格がしっかりしているから、太い線で大胆に輪郭をとる蜷川演出と相性がいい。美しく詩的な言葉でつづられているのも蜷川好みだ。論理的でありながら、結構いい加減なところもあり、演出家と俳優の自由度が大きい。どこまでも高く昇る「伝説の恋人たち」の美しさと、それを見上げる民衆の生活感が同時に描ける幅があった。

　蜷川はこうも振り返る。

「いろいろな人がいる場で、自分の演劇を成立させられるかを考えた時、実にいい戯曲だった。エロ話から知的な話、愛情の美しさから、その移ろいやすさまで、人生のあらゆるものが入っている。舞台が観客席の鏡になる」

## 世界への船出

　日本人が作るシェイクスピアとは。この問いは、蜷川演出で一貫している。日本人の記憶に訴え、日本の観客と作品を共有するには、どうするのか。

　一つの答えが、代表作『NINAGAWAマクベス』だろう。

　魔女の予言に導かれて王冠に手をのばし、自滅するスコットランドの武将の悲劇を、蜷川は、仏壇の中で繰り広げられる物語にした。このアイディアは、実家に帰って仏壇に手を合わせた時に思いついたという。

　時代を安土桃山に移し、衣装は和装。舞台には桜吹雪が降りしきる。桜は、はかない美の象徴であるが、人の正気を失わせる魔性の花でもある。

　せりふはいじらず、役の名前もカタカナのままだ。西洋の古典を自分の文化にただ引き寄せるのではなく、「遠さ」はそのままに、理解や実感の水路を観客との間に通そうとするアプローチだ。

　この作品は一度、静岡市で野外上演された。背景は護国神社の社殿と森。開幕時にはまだ残っていた昼の光を夕闇がのみこみ、マクベスが魔女と出会うのは、文字通り「逢魔が時」。マクベスの心に、黒い野心が忍び込むのが、理屈抜きで伝わる上演だった。

日本の観客のためのこうした工夫は、海外では、シェイクスピアの日本的な読み解きとして注目された。舞台を埋める日本の美は英国をはじめ、各国の観客の心を奪った。

シェイクスピアという船で、外洋への長い航海が始まった。

## 「彩の国」という母港

98年、埼玉県の「彩の国さいたま芸術劇場」でシェイクスピア全37戯曲を上演する企画が始まった。「彩の国シェイクスピア・シリーズ」だ。蜷川はその芸術監督として、改めてシェイクスピアと向き合うことになった。

このシリーズは県立の公共劇場と大手芸能会社ホリプロが共同で制作するユニークな手法をとっている。2015年までに上演したのは30作。このうち蜷川は29作演出した（01年『ウィンザーの陽気な女房たち』は入院して、監修のみ）。『ハムレット』など有名作品だけでなく幅広い演目に取り組む公共劇場らしさと、全国巡演や海外公演を視野に入れた民間企業のノウハウがかみ合い、蜷川シェイクスピアは多彩な成果を上げている。

国際性も豊かだ。『リア王』は日本の団体では初めての英国ロイヤル・シェイクスピア・カンパニー（RSC）との共同制作。『マクベス』、『ペリクリーズ』、『タイタス・アンドロニカス』、『コリオレイナス』、『アントニーとクレオパトラ』、『シンベリン』、そして番外『ハムレット』（15年）を海外でも上演している。

その中で蜷川は、「アジアの演出家」の意識を強めている。

言葉と論理、そしてキリスト教に基づく英国演劇に、様式のある身体を持ち、自然のあちこちに神が宿る、日本を含めたアジアの感覚で対峙する姿勢だ。欧米中心だった海外公演も、アジアの諸都市が増えている。

かつて蜷川は、シェイクスピア戯曲を「世界性のあるトポス（場）」と表現した。そんな作品群と向き合い、考え続ける中で、自分自身の足場が、日本だけでなく広くアジアにつながっていることを、改めて実感しているようだ。


シェイクスピア後期の『シンベリン』より、ポステュマス（阿部寛・中央）。2012年4月、彩の国さいたま芸術劇場大ホールにて。この後ロンドンでも上演した。

インタビュー 中根公夫

# 「世界のニナガワ」の出発点

学生時代と東宝入社後に、通算3年半パリ・オペラ座に留学し、ヨーロッパで数多くの舞台を見ました。その経験から私は、オペラのように美しくて知的な商業演劇を作りたいと考えていました。

市川染五郎（現・松本幸四郎）さん主演の日生劇場公演をプロデュースすることになり、この機に、それまでの日本になかった、美しく、豪華なシェイクスピア劇を上演しようと思いました。当時、日本では、シェイクスピアはもっぱら英文学者の主導で、新劇団が上演していました。衣装はたいてい粗末なもの。貧乏たらしくて、田舎くさかった。贅沢しなくても、美術や衣装を大事に考えるやり方はあるはずなのに。その洗練されていない精神が気にいらなかったんです。

イタリアの演出家フランコ・ゼフィレッリを招いて『ロミオとジュリエット』を上演することを決めました。彼も乗り気だったのですが、先方の事情で来日が中止になった。それなら日本の若手を起用しよう、ということになり、数人の候補が挙がった。その一人が蜷川幸雄さんでした。

時代劇の撮影で京都にいた蜷川さんを訪ね、話をしました。彼の舞台を観たことはなかったのですが、初対面でこちらが、「ボッティチェリやフラ・アンジェリコの絵のような舞台にしたい」と伝えると、蜷川さんは「僕はブリューゲルがいい」と応え、「あの場面はこんな風に」と明確なイメージを語った。同世代の他の演出家が、まず自身の演劇論を語ったのとは対照的で、話が具体的。才能ある人だ、芸術家であり、優れた職人でもあるミケランジェロのようなタイプだと感じました。

朝倉摂美術、吉井澄雄照明、小峰リリー衣装とデザイナーも一流の人たちがそろい、『ロミオとジュリエット』は開幕しました。でも、評論家はまるで認めなかった。続く『リア王』『オイディプス王』もほとんど否定されました。こんな批評は間違っている。蜷川の演出は正し

上／1983年、アテネ、リカヴィトス劇場の舞台設営の様子。下／右が中根氏。1984年、南フランスのトゥーロン=シャトーヴァロン野外劇場にて。

上／ギリシャの観客たちを圧倒したメディアが宙を飛ぶ場面（1984年、ヘロデス・アティコス劇場）。下／辻村ジュサブローの衣装を着たメディア。1984年、南フランスのトゥーロン=シャトーヴァロン野外劇場にて。

い。それを証明したくて海外公演を決意したんです。

海外の第1作にギリシャ悲劇の『王女メディア』を選んだのは、出演者が他の作品より少なく、比較的予算がかからないから。助成金申請に行った国際交流基金で「日本語でやるの？ 国辱にならねばよいが」と言われた悔しさは忘れません。儲かる公演ではないので、東宝もいい顔はしません。退社する覚悟で「邪魔だけはしないでください」と言ったら、それを聞いた松岡功社長（当時）が出資を指示してくれた。本当に助かりました。これが、その後もずっと続く、海外公演のお金の苦労の始まりです。

アテネの野外劇場で、平幹二朗さん演じるメディアがクレーンに乗って中空はるかに飛んでゆく場面で、客席から「ウォー」というどよめきが湧き上がった時は、「勝った」と思いました。終演後、ギリシャの長老演出家カロロス・クーンが新聞記者に囲まれて、「今宵、われわれギリシャ人はギリシャ悲劇をどう上演したらいいかを日本人から学んだ」とコメントしていたのが印象深いです。

『王女メディア』は辻村ジュサブローさんの衣装も大きな特徴でした。アンティークの帯を裏返して抽象的な模様にし、それを縫い合わせた生地で仕立てた。俳優を衣装に「閉じ込める」のが彼の意図。人形作家の彼は「中で人が暴れると衣装がおもしろくなる」と言っていた。そういう発想が、どこの国の表現とも違うギリシャ悲劇を支えたのだと思います。

次は英国でシェイクスピア劇をと考え、可能性を探っていた時、扉を開けてくれたのがエディンバラ芸術祭のディレクター、フランク・ダンロップでした。芸術祭に招かれ、『NINAGAWAマクベス』を持ってエディンバラに着いた翌日、すぐ近くの古城が、まさにこの劇の舞台だと聞き、「ご当地だったのか！」と緊張しました。そんなことも知らなかった私たちに、劇場スタッフは少しよそよそしい態度でした。でも、初日の舞台を見て、彼らの様子ががらりと変わりました。

批評は素晴らしく、高い評価はロンドンへ伝わった。ここから「世界のニナガワ」の活躍が始まったのです。

Profile

なかね・ただお　演劇プロデューサー。1938年生。東宝と、87年設立の「ポイント東京」で、約30年、蜷川作品を製作した。積極的に海外公演を展開する一方、『タンゴ・冬の終わりに』や『ペール・ギュント』など、蜷川が外国人俳優を演出した海外での公演も手がけた。豊富な海外経験と人のネットワークを生かして、舞台芸術の国を超えた交流や流通を活発にする活動にも尽力。国際舞台芸術交流センター（PARC）の設立や芸術見本市の開催、東京国際舞台芸術祭などを主導した。

# 俳優

## 瑳川哲朗

さがわ・てつろう
1937年生

『NINAGAWAマクベス』（2015年） ダンカン

堂々たる押し出しと豊かな声量。王侯貴族の役がよく似合う、シェイクスピア劇の常連だ。1959年に劇団青俳に入団。その後、時代劇ドラマ『大江戸捜査網』や『ウルトラマンA』の隊長役などで人気を集めた。蜷川作品では、『夏の夜の夢』のシーシュースとオーベロンの二役、『ハムレット』のクローディアス、『ロミオとジュリエット』のロレンス神父、『リア王』の忠臣ケント伯爵など、印象に残る役は多い。ガルシア・マルケスの小説を舞台化した『エレンディラ』では、美しい孫娘をこき使い金を巻き上げる祖母役。衣装で肥満した体を作り、怪物のような老女を迫力満点に演じた。89年、東京・赤坂に小劇場「シアターVアカサカ」を開館して、20年間運営。演劇祭も催し、演劇文化を広げる活動にも力を入れた。

## 九代目松本幸四郎

まつもと・こうしろう
1942年生

『ロミオとジュリエット』（1974年） ロミオ

現代を代表する歌舞伎立役の一人。八代目松本幸四郎（初代・白鸚）の長男として生まれ、3歳で初舞台を踏んだ。歌舞伎だけでなく、ミュージカル、現代劇、映画、ドラマでも幅広く活躍。歌舞伎『勧進帳』の弁慶と、ミュージカル『ラ・マンチャの男』の主役を、それぞれ千回以上演じている。ミュージカルでは、『ラ・マンチャの男』をニューヨーク・ブロードウェイで、『王様と私』の王様をロンドン・ウエストエンドで、いずれも現地の俳優とともに英語で演じた。

市川染五郎を名乗っていた1960〜70年代は、父とともに東宝に所属。若手スターとして人気を集めていた。蜷川が初めて大劇場で演出した『ロミオとジュリエット』に主演。緊張感のない俳優に蜷川が灰皿を投げつける稽古場に、幸四郎が台本を持たずに、完璧なせりふを言いながら登場した時の「格好よさ」を、蜷川はしばしば語っている。続けて蜷川演出『リア王』『オイディプス王』に主演。94年『オセロー』でもコンビを組んだ。

## 三田和代

みた・かずよ
1942年生

『ハムレット』（1995年） ガートルード

俳優座養成所出身で、1966年に日生劇場『アンドロマック』で初舞台。劇団四季を経て、様々な舞台で活躍している。澄んだ声の明晰なせりふと知的な演技は、多くの劇作家、演出家の信頼を集める。蜷川作品には、85年『にごり江』の士族の娘せきで初登場。94年に『オセロー』エミリア。真田広之主演『ハムレット』ではガートルードをつややかに演じた。清水邦夫作『雨の夏、三十人のジュリエットが還ってきた』（2009年）では少女歌劇の元娘役スター。本拠地は30年以上も前に焼失したのに、その現実を受け入れず、相手役を待ち続け、幻の中で生きる。その痛々しさと狂気に至る情熱を、研ぎ澄ました演技で見せた。『祈りと怪物』では葛藤を抱えた双子の老女を二役で演じた。

## 市村正親

いちむら・まさちか
1949年生

『リチャード三世』（1999年）
リチャード三世

劇団四季出身で、『オペラ座の怪人』、『ミス・サイゴン』、『ラ・カージュ・オ・フォール』など、大ヒットミュージカルの数々に主演してきた。芸風は明るいが、心に傷を抱えていたり、社会の少数派だったりという一癖ある人物像の屈折や陰影の表現に秀でている。蜷川作品への出演はいずれもシェイクスピア劇だ。最初は、曲がった背中を持ち、幼い甥も含めて邪魔者の命を次々と奪って王位に就く希代の悪漢「リチャード三世」。自分が殺した男の妻を、その葬列の前で口説き落とす色気もある。そんな男の凄みを、持ち前の愛嬌にくるんで、軽やかに表現した。続いて52歳で『ハムレット』に取り組んだ。『ペリクリーズ』では、物語の案内役。原作では一人の男性だが、この時は、夫婦の放浪芸人という設定だった。盲目の夫を演じ、実際に琵琶を弾きながら物語を導いた。2015年には17年ぶりに上演された『NINAGAWAマクベス』に主演した。

## 田中裕子

たなか・ゆうこ
1955年生

『冬物語』（2009年）
ハーマイオニ

文学座に入った直後の1979年にNHK朝の連続テレビ小説『マー姉ちゃん』で注目され、映画、テレビで幅広く活躍。舞台への出演はあまり多くないが、童女のような清らかさ、妖艶さ、母性を感じさせるおおらかさ、きっぱりした強さやユーモアが自然ににじむ演技で、女性の多面性を表現してきた。蜷川作品では、87年『テンペスト』のミランダから、シェイクスピアのロマンス劇のヒロインが多い。『ペリクリーズ』では主人公の妻と娘マリーナの二役。波乱の運命にもまれても美徳と純潔を失わないマリーナは、売られた売春宿で客の男たちの心を清めてしまう。この「おとぎ話」にも説得力を持たせた。『冬物語』でも王妃とその娘を二役で演じた。『近松心中物語』梅川、『海辺のカフカ』初演の佐伯、2015年『NINAGAWAマクベス』のマクベス夫人も。

## 吉田鋼太郎

よしだ・こうたろう
1959年生

『ヘンリー四世』（2013年）
フォルスタッフ

豪快さとうまさを兼ね備え、シェイクスピア劇やギリシャ悲劇などスケールの大きな作品に欠かせない一人。俳優を志したきっかけもシェイクスピアへの憧れで、劇団シェイクスピア・シアターの出身。初めて出演した蜷川作品は『グリークス』。『オイディプス王』のクレオンを経て、2004年に「彩の国シェイクスピア」の『タイタス・アンドロニカス』に主演した。当時はまだ広く名を知られてはいなかったが、「実力ある俳優を世に出すのも公共劇場の務め」と語る蜷川の期待に応え、ローマの将軍タイタスの激しい怒りと深い悲しみを情熱あふれる演技で見せた。『オセロー』などに主演する一方で、『リア王』グロスター伯爵、『ヘンリー六世』ヨーク公、『シンベリン』シンベリン王、『NINAGAWAマクベス』マクダフ、『ムサシ』柳生宗矩などでも強い印象を残す。『ヘンリー四世』で演じたのは老騎士フォルスタッフ。酒と女が大好きな、ほら吹きの巨漢だ。衣装で体を数倍に膨らませて登場して大活躍し、劇場を沸かせた。

## 真田広之

さなだ・ひろゆき
1960年生

『ハムレット』(1998年)
ハムレット

10代から映画を中心に活躍。優れた身体能力を生かしたアクションや時代劇、文芸作品、コメディーなど幅広いジャンルで人気を集めた。初の蜷川作品は1995年『ハムレット』。ダイナミックな殺陣も見せて、深く内省する知性と武人の資質を兼ね備えた王子を体現した。この『ハムレット』のロンドン公演が英国でも注目され、99年から2000年にかけて行われた、蜷川がロイヤル・シェイクスピア・カンパニー(RSC)を演出した『リア王』に日本の俳優として、ただ一人参加。リアと深い信頼で結ばれた「道化」を、さいたま、ロンドン、RSCの本拠地ストラットフォード・アポン・エイヴォンで計4か月、英語で演じた。英国では、戦闘場面のアレンジや、けが人の代役で「戦士」も演じるなど、多方面で舞台を支えた。これを機に活動の重心を海外に移し、英米で映画、ドラマに多数出演。

## 唐沢寿明

からさわ・としあき
1963年生

『コリオレイナス』(2007年)
ケイアス・マーシアス・コリオレイナス

テレビドラマなどを通して、20代でさわやかな二枚目として人気を確立したが、蜷川作品では、複雑な内面を持つ主人公を演じてきた。まず、2001年に新演出『マクベス』。知勇に優れた武人が、魔女の予言で身の丈を超えた野心に火をつけられ、転げ落ちてゆく様を、疾走感と哀しみに満ちた表現で見せ、翌年のニューヨーク公演も好評だった。『天保十二年のシェイクスピア』では「リチャード三世」を踏まえた「佐渡の三世《みよ》次《じ》」。『コリオレイナス』の孤高の将軍、嫉妬から妻子も親友も失い、悔悟の日々を送る『冬物語』のシチリア王と、シェイクスピア劇の難役が続くが、どの役でも人物の高潔さや信念をまっすぐ伝え、演技には常に美しさと説得力がある。蜷川が監督した映画『嗤う伊右衛門』にも民谷伊右衛門役で主演。

## 阿部寛

あべ・ひろし
1964年生

『ジュリアス・シーザー』(2014年)
マーカス・ブルータス

1983年にモデルデビュー。189センチの長身と彫りの深い顔立ちで、男性がおしゃれをする新しい時代の象徴的存在になった。俳優の道に進み、初の蜷川作品は2004年『新・近松心中物語』の忠兵衛。井上ひさしの初期戯曲『道元の冒険』を経て、『コースト・オブ・ユートピア』で物語の芯となるロシアの思想家ゲルツェンを演じ、10時間を超える大作を支えた。専制政治と対峙し、理想をあきらめない精神が、体の内側から発光するような演技で、終幕では神々しささえ感じさせた。英国公演もあった『シンベリン』では、悪巧みにのって妻の不貞を疑い、運命の荒波にもまれる紳士ポステュマス。『ジュリアス・シーザー』では、独裁を阻止するため、シーザー暗殺に加担する主人公ブルータス。誠実さと高潔な精神を体現する俳優として、蜷川の信頼も厚い。

## 横田栄司

よこた・えいじ
1971年生

『トロイラスとクレシダ』(2012年)
ヘクトル

文学座に所属し、1996年に初舞台。98年『ハムレット』のレアティーズで初めて蜷川作品に出て以来、数多くの作品に登場している。長身で精悍な容貌と確かなせりふ術は、『ロミオとジュリエット』のティボルト、『冬物語』のボヘミア王、『ジュリアス・シーザー』のシーザー、『ハムレット』の知的で温かみのあるホレイシオなど、シェイクスピア劇がよく合う。『カリギュラ』のエリコンでは、粗野な振る舞いと皮肉な言葉の中に、皇帝への忠義が光り、マンガが原作の『ガラスの仮面』では速水真澄を演じた。さいたまゴールド・シアターに『95kgと97kgのあいだ』の青年で、さいたまネクスト・シアターに『真田風雲録』の真田幸村などで客演した。

## 四代目 市川猿之助

いちかわ・えんのすけ
1975年生

『ヴェニスの商人』（2013年）
シャイロック

立役も女形も、古典も現代劇も、踊りも演出も……と、多方面に才気をきらめかせている歌舞伎俳優。市川亀治郎の名で人気を集め、2012年、澤瀉屋一門を率いる伯父の名を継いだ。伯父の作った「スーパー歌舞伎」を踏まえ、新たな「スーパー歌舞伎Ⅱ《セカンド》」を主導。マンガを原作にした『ワンピース』の舞台化などを成功させている。蜷川との初顔合わせとなった『NINAGAWA十二夜』では、いたずら好きの賢い腰元・麻阿《まあ》を切れ味鋭く、遊び心たっぷりに演じ、劇場を笑いの渦に巻き込んだ。続く、彩の国シェイクスピア『じゃじゃ馬馴らし』では、得意の女形でヒロイン、キャタリーナを大胆不敵に表現。『ヴェニスの商人』では一転、キリスト教徒と対決し、全てを奪われるユダヤ人の老いた金貸しシャイロックを陰影深く演じた。裁判に敗れ、燃える眼で客席通路から退場する姿は、歌舞伎座の花道の引っ込みを思わせて、圧巻。原作にはない幕切れの場面で、シャイロックは十字架の鎖を無言で引きちぎり、握る拳に怒りを込めた。

## 五代目 尾上菊之助

おのえ・きくのすけ
1977年生

『NINAGAWA十二夜』（2007年）
斯波主膳之助

歌舞伎の七代目尾上菊五郎の長男で、6歳で初舞台。気品ある美しさと真摯な演技で、立役、女形ともに評価が高い。蜷川演出『グリークス』で初めて現代劇に挑戦。自ら発案し、蜷川を歌舞伎に招いた『NINAGAWA十二夜』ではヒロインの琵琶姫と双子の兄・主膳之助を演じた。琵琶姫は男装して「獅子丸」と名乗り、左大臣の小姓となる。獅子丸からは清潔なエロチシズムが立ち上り、鏡を多用した舞台に乱反射。「性」を跳びこえる歌舞伎ならではの魅力にあふれる作品になった。源平合戦を素材にした『わが魂は輝く水なり』では斎藤実盛の息子・五郎の亡霊。澄んだ声と、まるで重さを感じさせない動きで、若者の清らかな魂を体現した。

## 月川悠貴

つきかわ・ゆうき

『トロイラスとクレシダ』（2012年）
クレシダ

14歳で蜷川と出会い、本格的に俳優の道へ。2015年までに33本の蜷川作品に出演した。彩の国シェイクスピアのオールメールの「娘役」として欠かせない存在で、金子國義が描く少女を思わせる硬質な美貌と、きゃしゃな肢体で、数々の女性を演じてきた。オールメール第1弾『お気に召すまま』では、あまりの女性らしさに、女優と勘違いした観客もいた。『トロイラスとクレシダ』では戦争の中で恋人と引き裂かれるヒロインをクールに演じ、運命に弄ばれる人間の虚無も漂わせた。『ロミオとジュリエット』にも主演した。

蜷川幸雄の仕事

3

# ギリシャ悲劇

メディアの怒りは炎となり、呪われた運命にからめとられたオイディプスは血の涙を流す。古代ギリシャの人々の悲しみ、憎しみ、嘆きは、今日の俳優たちの声と身体に宿り、二千数百年の時を超えて胸に迫ってくる。

『王女メディア』2度目のギリシャ公演より。カーテンコールの様子。1984年7月、アテネのヘロデス・アティコス劇場にて。

オイディプス王（松本幸四郎〈当時・市川染五郎〉・左）。背後に男性ばかりのコロス（群衆役）。1976年5月、日生劇場にて。装置は朝倉摂、照明は吉井澄雄、衣装は小峰リリー。

# オイディプス王

作◎ソフォクレス
初演出◎1976年

「父を殺し、母を娶る」という予言から逃れるため放浪の旅に出たオイディプスは、スフィンクスの謎を解いてテーバイの国を救い、亡き先王の妃イオカステと結婚した。ある時、テーバイを疫病が襲う。原因である血の穢れを払おうと、先王の死の真相を探る過程で、オイディプスは、予言通りだった自分の運命を知る。真実を知ったオイディプスは自ら両目を突き、追放を望む。

ホーフマンスタールの脚色台本による1976年の日生劇場公演（東宝製作）は、松本幸四郎（当時・市川染五郎）主演、イオカステは小川眞由美。男性ばかり160人ものコロスが出演した。86年には東京・築地本願寺で野外劇として上演（東宝製作、高橋睦郎修辞）。平幹二朗が主演し、イオカステはギリシャの女優A・パパサナシウが演じ、男女のコロスが登場した。

02年にはシアターコクーンで新演出（Bunkamura製作、山形治江訳）。主演は狂言師の野村萬斎。雅楽の東儀秀樹が音楽と舞を担当し、全員男性のコロスが笙を吹くなど、アジア色を打ち出した。イオカステは麻実れい。04年にはオリンピックの文化事業でアテネに招かれ、古代劇場ヘロデス・アティコスで公演した。

# 王女メディア

作◎エウリピデス
初演出◎1978年

1978年2月、日生劇場にて。平幹二朗のメディア（右）とイアソン（近藤洋介・左）。人形作家の辻村ジュサブローが衣装を含む、アート・ディレクションを担当した。

蜷川が初めて海外公演した作品。辺境の国の王女であるメディアは、人殺しまでして助けたイアソンと結ばれ、2児をもうける。だが、イアソンは身を寄せたコリントスの王の娘との結婚を決める。怒ったメディアは王とその娘を殺害し、ふたりの我が子も手にかけ、竜車で去ってゆく。

出演者は全て男性で、メディアは仮面のような化粧に巨大なかつらをつけ、作り物の胸をはだけた奇怪な姿。コロスは津軽三味線をかきならし、悲嘆にくれる場面では、口から赤いリボンを吐く。終幕でメディアはクレーンに乗って飛び去る。この大胆な演出が、海外でも高い評価を得た。詩人・高橋睦郎が修辞を施した台本での上演だった。メディアは初演から平幹二朗。87年から歌舞伎俳優の嵐徳三郎が演じ、98年に平が再登場した。

2005年には、全く異なるアプローチで取り組んだ。シアターコクーンで上演した『メディア』は、山形治江の新訳で、主演は大竹しのぶ。コロスも全員女性で、女性の生命力を前面に出す演出だった。舞台一面に水を張り、ハスの花が咲く中、愛憎のドラマが展開する。蜷川は「花は、燃えさかる美しいメディアの象徴。彼女は捨てられた醜い女ではない」と話していた。

戦争に敗れ、捕らわれて奴隷となるトロイアの女たち。第1部「戦争」より。舞台装置は中越司、照明は原田保、音楽は笠松泰洋。

# グリークス

作◎エウリピデス、ホメロス、アイスキュロス、ソフォクレス
脚本◎ジョン・バートン、ケネス・カヴァンダー
初演出◎2000年

10本のギリシャ悲劇をつなげて、トロイア戦争とその後の出来事を「戦争」「殺人」「神々」の3部構成で描く。英国で作られ、ロイヤル・シェイクスピア・カンパニーが1980年に初演。蜷川版の通し上演は9時間を超えた。

シアターコクーンは、舞台を客席が2方向から挟むように改装され、開演前、座席へ向かう観客に交じって、女優たちが談笑しながら、通路を歩いてゆく。現代と地続きのギリシャ悲劇の幕開けだ。

女神たちの中で一番美しいのはだれか。判定役のトロイアのパリスは、アフロディーテを選んだ褒美に、スパルタの王妃ヘレネを受け取る。さらわれたヘレネを奪還するために、アガメムノンを総大将とするギリシャ軍はトロイアに向かう。出陣のためにアガメムノンは、長女イピゲネイアを生け贄にする。母クリュタイムネストラは嘆き、

上／オレステス（尾上菊之助）による母（白石加代子）殺しの場面。第2部「殺人」より。下／ギリシャのイピゲネイア（宮本裕子）。第1部「戦争」より。すべて2000年9月、シアターコクーンにて。

夫への恨みを募らせる。

戦争に敗れたトロイアの女たちは、「戦利品」としてギリシャ軍の男たちに引かれてゆく。凱旋したアガメムノンは、妻とその愛人に殺害され、娘のエレクトラとその弟オレステスは母に復讐。オレステスはその後、母殺しの罪にさいなまれる。戦争がもたらす悲しみと苦悩が連鎖してゆく。だが、第3部で、この戦争は神々の「嘘」から始まったことが分かり、劇は不条理な喜劇性も帯びてくる。

蜷川はこの大作に、新劇、小劇場、歌舞伎、宝塚など、出自の異なる多彩な俳優を起用した。アガメムノンは平幹二朗、クリュタイムネストラは白石加代子、エレクトラとオレステスは実の姉弟の寺島しのぶ、尾上菊之助が演じた。トロイア側は、王妃ヘカベに渡辺美佐子、その息子の妻アンドロマケに麻実れい。ヘレネは安寿ミラ。

神に捧げる生け贄の台にも見える長方形の舞台で、神々の気まぐれに翻弄され、戦いから逃れられない人間たちが生きる。場面ごとの主役は、英雄や美女や悲劇の王妃たちだが、全体を通しての主役は、名もなきコロスだった。

全員女性で、ギリシャは赤、トロイアは青のアジア風の衣装をまとう。彼女らは、男たちが始めた戦争で傷つけられた弱い者たち。しかし、嘆き悲しむ一方で、休まず日々の営みを続けてゆく強い者でもある。そして幕切れに彼女らは「穏やかな手段と理性で相反するものを鎮める」ことを好む知恵の女神をたたえる。この美しい場面は、「戦争の世紀」といわれた20世紀の終わりに、未来へ向けた祈りでもあった。

# トロイアの女たち

作◎エウリピデス
初演出◎2012年

ヘカベ(白石加代子)とコロス(後列左より リヴカ・ミカエリ、アナット・ハディット、サラワ・ナッカラ、羽子田洋子)。2012年12月、東京芸術劇場にて。

ギリシャ悲劇を、日本語、アラビア語、ヘブライ語の3言語を使って上演した。東京芸術劇場とイスラエルのテルアビブ市立カメリ・シアターによる国際共同製作。

ギリシャ軍に敗れたトロイアでは、男たちは殺され、王妃ヘカベら女たちが捕虜になっている。ヘカベの息子ヘクトルの妻アンドロマケの幼い息子は殺され、娘カッサンドラは敵の総大将のものに。ヘカベは戦争の原因を作ったヘレネに激しい怒りをぶつけるが、ヘレネは罰せられず、トロイアの女たちは奴隷として連れてゆかれる。

イスラエルとの共同製作にあたって蜷川は、アラブ人の起用を強く求めた。パレスチナ人の出演は実現しなかったが、イスラエル国籍のアラブ系俳優が加わった。出演者はそれぞれの母語でせりふを言う。コロスは日本人、アラブ系、ユダヤ系の3グループが、同じせりふを繰り返して言う。三つの文化に軽重をつけず、差異を尊重し、強調する演出だ。ヘカベ役の白石加代子が、スケールの大きな演技で舞台を支えた。

イスラエルによるパレスチナ自治区への空爆などの現実とも重なり、ギリシャ古典が緊張感をはらんだ「今日」の悲劇として観る者に迫った。

# 大きな世界とディテールに宿る、ギリシャ

蜷川はギリシャ悲劇とも縁が深い。大劇場での3作目は『オイディプス王』。続く『王女メディア』は海外に出た最初の作品だ。その後、長大な『グリークス』、『エレクトラ』、新演出『メディア』、『オレステス』、『トロイアの女たち』を手掛けている。

人間の等身大を超えた表現が必要なギリシャ悲劇は、蜷川の強い演出と相性がいい。最初にオイディプスを演じた松本幸四郎をはじめ、平幹二朗、嵐徳三郎、野村萬斎、白石加代子、麻実れい、大竹しのぶら、伝統劇の様式や強い身体性を伴う演技を身につけた俳優がそれを演じてきた。群衆や語り手の役割を担う、ギリシャ悲劇特有のコロスという存在も、劇を民衆の視線の中に置く蜷川の考え方と合っている。

ユダヤ系、アラブ系、日本の俳優がともに演じたのも『トロイアの女たち』だった。異なる文化を背負った人たちが集まる「場」に、原初的な怒りや悲しみを描くギリシャ悲劇はふさわしかった。

## 『グリークス』の旅

蜷川と一緒にギリシャを旅したことがある。『グリークス』の上演をひかえた2000年の初夏。約1週間かけて、ゆかりの地をめぐる取材旅行に同行させてもらったのだ。一行は、『グリークス』に出演した尾上菊之助、公演を主催するBunkamuraの渡辺弘プロデューサー（現・彩の国さいたま芸術劇場事業部長）ら6人。アポロンの神殿があるデルフィやミケーネの遺跡を見学したり、紀元前4世紀にできた1万4千人収容のエピダウロスの古代劇場でせりふの稽古をしたりしながら、クレタ島まで足を延ばした。

たまたま、予約もなしに入ったアテネの大衆的な食堂でのことだ。店の主人が言った。

「日本の方ですか？　私は日本の『王女メディア』を見たことがあります。素晴らしかった！」

『王女メディア』のアテネ公演は1983年と翌84年。それが語り継がれているという話は聞いてはいた。だが、16年もたって、こんな形で目の当たりにするとは！

旅では写真をずいぶん撮ったので、舞台美術にたくさん反映されるかと思っていたら、まるで違った。『グリークス』の舞台は「何もない空間」だった。場面ごとに持ち込まれるのは、蓮の花や天から伸びるロープ、時を刻む振り子など。コロスの衣装も中央アジアを連想させるデザインだ。

2002年6月、新演出で上演された『オイディプス王』より、オイディプス王（野村萬斎）。シアターコクーンにて。2004年にはアテネでも上演。

ギリシャはどこに？

よく見ると、石のような質感の舞台が神殿の生け贄の台に似ている。この劇の初めには、出兵のために娘の命を神に捧げるアガメムノンの葛藤と、それを恨む妻の物語がある。神々のきまぐれに翻弄される人間が生きる場としても、なるほどこの台はふさわしい。

驚いたのは、オレステスが母親に復讐する場面だ。菊之助と白石が、倒れた甕から流れ出た油にまみれて、からみ合う。凄絶さの中にエロティシズムも立ち上る「殺し場」の美。『女殺油地獄』を連想させる印象的なこの場面に転がっていた甕は、クレタ島のクノッソス宮殿の遺跡で見たものだ。

大きな世界とディテールに、ギリシャが宿っている。

昼間は40度近くまで気温を上げる強烈な陽の光と乾いた空気。石を敷きつめた道の硬い感触。そんな旅の記憶がよみがえってきた。

## 原点の劇場へ

この旅で初めに訪れたのは、アテネの劇場へロデス・アティコスだった。紀元2世紀に建てられたこの劇場で蜷川は、84年に『王女メディア』を上演した。初の海外公演だった前の年は、町はずれの会場をあてがわれたが、評価が高く、もう一度主要劇場に招かれたのだ。作品の力が道を開くのを実感した、大切な場所だ。

2004年、蜷川はアテネ五輪の文化行事に招かれ、この劇場に戻った。演目は野村萬斎が主演した『オイディプス王』。一部が崩れた石壁の前に、日本から運んだ黒く枯れた蓮の花が並ぶと、そこは疫病が蔓延するテーバイになった。「様式とリアルの両立を目指す」と、蜷川はアテネ入りしてから演技に厳しく注文をつけていた。

5千人以上収容のこの野外劇場は、急傾斜の客席が丸く舞台を囲む。一番後ろの席にもマイクなしのせりふがはっきり届き、演者の姿も近く感じられる。びっしり埋まった観客に包まれた舞台では、若き王が運命と闘い、男性コロスが美しい陣形で大地に身を投げだし、雅楽の舞が神と人間をつないでいる。舞台の上に月が白く照り、背後にはライトアップされたパルテノン神殿。シルクロードの東端の芸術と西洋文明発祥の地とが感応し合う瞬間を、私は陶然としながら見つめていた。

蜷川幸雄をめぐる人々 5

インタビュー　平幹二朗

# 自分の鉱脈を掘り当てた出会い

**活動の場を大劇場に移し、スタイルを確立していった蜷川。その体現者となったのが俳優、平幹二朗だ。大柄で端正な容姿、深い声で明瞭にせりふを語る平は、スケールが大きく、知的な舞台を志向する蜷川演劇の中核を担うことになる**

アングラ演劇に興味はありましたが、自分が演じることはないだろうと思い、あまり見に行きませんでした。蜷川さんの劇団も見たことはなかった。

その蜷川さんが演出家として、日生劇場に彗星のごとく登場したと聞きました。その頃、彼はまだ俳優でもあって、偶然ドラマで共演したんです。僕は主役の刑事で、彼は犯人。その時、「今度、君の舞台に出してよ」とプロポーズしたのが、「出会い」ですね。僕はミュージカル中心に舵を切った劇団四季を離れたところでした。

初めて一緒にした仕事は、三島由紀夫さんを追悼する『近代能楽集　卒塔婆小町』（１９７６年）。三島夫人の瑤子さんとプロデューサーの葛井欣士郎さんから、「詩人」役をオファーされました。でも、僕が詩人ではちょっとありきたりだし、年齢的にも無理があるような気がして、「老婆」をやりたいと言ったんです。それまでは女優さんが演じてきた役ですが、見た目はボロボロのおばあさんが、せりふだけで美しい小町に変身する、その矛盾を言葉の力でねじ伏せることが出来たらおもしろいだろうと思って。

蜷川演出の第一印象は、「すごい装置だな」。舞台にすっくと立って、朗々とせりふを言う浅利慶太さんの演出とはまるで違って、とてもおもしろかった。終わった時に、「この人とは、しばらく仕事を続けることになるな」と感じました。最初の11年で11作品に出演しました。再演も多いので、すごい数の蜷川作品に出たことになります。

でも、役について話し合ったことはないんです。僕はせりふを覚えて、自分なりに考えて、稽古場へ行く。彼はセット

1986年2月上演、『タンゴ・冬の終わりに』より。引退した俳優清村盛役を演じる。パルコ劇場にて。

を考え、音楽も用意していて、台本の読み合わせを1回したら、すぐに立ち稽古。思ったように動いてみる。そうすると蜷川さんはいろいろな方向から照明を当てて、刺激を与える。そんな感じで作っていきました。

「抽象的でなく、具体的に表現してほしい」とはよく言われました。でも、ああしろ、こうしろ、と指示するような「ダメ」(注文)はなく、演技が気に入らないと「感動しねえんだよな」と言って帰ってしまう。そう言われると、居残って、俳優同士で必死に考え、稽古するわけです。(太地)喜和子なんかとは、よく、そうやっていました。

僕は器用ではないし、おもしろいキャラクターを作れるタイプでもない。ただただ全精力をつぎ込んで、役の心をつかむことで、力強く何かを表現することしかできない。そういう俳優ですから、ギリシャ悲劇のような作品は、やっていて手応えがあります。

蜷川さんとの仕事で、自分の鉱脈を掘り当てた、という感じがしました。『王女メディア』『近松心中物語』『タンゴ・冬の終わりに』。演出と演技がガチッと噛み合った感覚を持ったのは、この3作です。

上／2000年、長大な『グリークス』で将軍アガメムノンを演じる。
下／『唐版　滝の白糸』(2013年10月)では銀メガネ。ともにシアターコクーンにて。

**平は87年に肺がんの手術を受けた。だが、病気を公表せずに『王女メディア』を降板。その後10年、蜷川との関係に空白ができた**

医者から、手術をすれば公演に出られる、と言われていたので、降板するつもりはありませんでした。病気だと分かれば、蜷川さんは代役を立てるだろうし、当時肺がんは死に至るイメージが強かったので、この先、仕事がまったく来なくなるとも思った。それが怖かった。だから、「良性のポリープ」と発表しました。でも、手術後、声が出なくて、舞台には立てませんでした。

10年たち、転移も再発もないと分かっ

2015年1月『ハムレット』のクローディアスが罪を悔いる水垢離の場面。彩の国さいたま芸術劇場大ホールにて。

た時、テレビ番組で病気のことを話しました。「良性だった」と言っていたことが、世間に嘘をついているようで、ずっと気にかかっていたのです。

その話が蜷川さんにも伝わって、もう一度やろうか、という話が持ち上がり、別れた時の演目、『王女メディア』で再会を果たしました。

**その後は『近松心中物語』などの再演に加え、『グリークス』『リア王』など新しい作品にも次々と出演。『サド侯爵夫人』と『わが友ヒットラー』の同時上演や『唐版　滝の白糸』にも取り組むことになる**

『唐版　滝の白糸』の「銀メガネ」は、せりふは詩のようで、理屈では訳が分からない。「こういう役は嫌だなあ」と思うのですが、内心、うれしくもあるんです。自分を押し広げる機会ですから。ただ稽古は大変でした。何をやっても「ダメ」が出て、登校拒否みたいになりました。

15年の『ハムレット』のクローディアスも、実は気が進まなかった。だって、悪役じゃないですか。

ただの悪い奴ではつまらないと考えて、祈りの場面で水垢離をすることを思いついた。僕はハムレットを3回演じましたが、ハムレットがクローディアスを刺すことをためらうあの場面が、いつもやりにくかった。祈っている人を殺さない、というキリスト教的な行動だと頭では分かりますし、そういうつもりで演じてはきたけれど、どうもピンとこない。裸をさらして水をかぶることで、クローディアスのガートルードへの愛は本物で、そのために兄を殺したことを悔いていることが伝われば、ハムレットを驚かせ、立ち止まらせることが出来るのではないかと思ったわけです。うまくいったかどうかは分かりませんが、蜷川さんはおもしろがって採用してくれました。

蜷川さんと出会わなかったら、まるで違う俳優人生だったでしょう。お互い、プロとしてある程度キャリアを積んでから一緒に仕事を始めたというタイミングもよかった。「運命」としかいいようがないですね。ただし、この運命、僕にとっては、病気になったり、腰を痛めて動けなくなったりと、文字どおり「命がけ」でしたけれど。

Profile

ひら・みきじろう　1933年生。俳優座養成所を卒業し、56年俳優座に入団。舞台のほか、ドラマ『三匹の侍』などで幅広い人気を獲得した。浅利慶太演出『アンドロマック』(66年)に出演したのをきっかけに、68年に俳優座を退団。劇団四季へ移り、75年まで所属した。76年以降、数多くの蜷川作品に出演。『王女メディア』『NINAGAWAマクベス』など、海外での評価を確立する作品に主演した。三島由紀夫作『サド侯爵夫人』ではヒロインの母親を女形で演じた。主宰する「幹の会」でシェイクスピア劇、ギリシャ悲劇を上演し、演出も手がけている。

# 俳優

## 山谷初男

やまや・はつお
1933年生

『王女メディア』(1978年) 乳母

『ロミオとジュリエット』ではジュリエットの乳母、『王女メディア』の乳母、『オイディプス王』の羊飼い、『ハムレット』の墓掘りなどで、巨大な悲劇の中に、庶民的な温かさと膨らみを与える、蜷川作品に欠かせない俳優だ。『身毒丸』では歌も披露している。劇団東芸、俳優小劇場、芸能座に所属。映画、ドラマへの出演も数多い。愛称は「はっぽん」。1994年、故郷である秋田県角館に、旅館だった生家を移築・改装した小劇場「はっぽん館」を開館。音楽、演劇、トークなど多彩な公演を催し、地域の文化振興にも貢献している。

## 白石加代子

しらいし・かよこ
1941年生

『トロイアの女たち』(2012年) ヘカベ

圧倒的な演技で国内外に名をはせ、蜷川は海外公演に行くとよく、「今回も、あのスゴい女優シライシは出るのか?」と問われるという。重心の低い日本の伝統的な身体表現と強い発声で、日常を超えた世界を作りだす。区役所勤務を経て、1967年、鈴木忠志率いる早稲田小劇場(現・SCOT)に入団。「憑依」ともいわれた演技で中心俳優として活躍した。89年に劇団を離れてからは、様々な舞台、映画、ドラマに出演。こわい話を朗読する舞台「百物語」シリーズも人気を集める。

蜷川との初顔合わせは94年で、意外にも喜劇『夏の夜の夢』だった。続いて『身毒丸』の継母・撫子で女の情念の深さを見せた。『グリークス』では、愛人とともに夫アガメムノンを殺し、息子に壮絶な復讐をされるクリュタイムネストラを激しく、『コリオレイナス』では、主人公の猛母を威圧感たっぷりに表現した。『ムサシ』で演じた材木屋の隠居まいは、かつて女猿楽の花形だったという設定。劇中で舞狂言『蛸』も披露した。作者の井上ひさしは白石に触発されて、この劇に「人ならぬ者」を登場させたと語っている。

アラビア語、ヘブライ語、日本語の3言語で上演した国際共同制作『トロイアの女たち』の王妃ヘカベも圧巻だった。

## 麻実れい

あさみ・れい

『グリークス』(2000年) アンドロマケ

長身で華やかな顔立ち。元宝塚歌劇団のトップスターは、蜷川作品でも輝く。男役で培った、人物を「自分の外側に造形する」という役へのアプローチが、ドラマチックな物語にふさわしいスケールの大きな演技を生み出す。『グリークス』ではトロイアの王子の妻アンドロマケ。夫も子供も失った嘆きを、抑制の利いた表現で示し、深い悲しみを伝えた。『オイディプス王』では、そうとは知らず息子と結婚してしまった王妃イオカステ。白い衣装で舞台中央の扉から現れ、大勢の男性コロスを一声で黙らせる登場シーンは威厳に満ちていた。ギリシャ公演でも古代劇場がよく似合った。流血の復讐劇『タイタス・アンドロニカス』の女王タモーラを苛烈に演じる一方で、『桜の園』では、ラネーフスカヤを優雅に見せた。大長編『コースト・オブ・ユートピア』にも出演している。

## 野村萬斎

のむら・まんさい
1966年生

『オイディプス王』(2002年)
オイディプス王

狂言師。野村万作の長男として生まれ、3歳で初舞台。古典狂言はもちろん、黒澤明監督『乱』などの映画やドラマ、現代演劇でも活躍している。狂言の様式を使ったシェイクスピア喜劇の翻案『まちがいの狂言』や、中島敦の小説を構成した『敦』などの演出・主演でも評価が高い。

蜷川は「狂言で鍛えた中世の身体のスケールを生かす」と、難役に起用する。まず、ギリシャ悲劇『オイディプス王』。リアルな感情表現と「語り」の芸で運命と対峙する人間の大きさを見せ、アテネの古代劇場でも喝采を浴びた。続いて『わが魂は輝く水なり』で老武将、斎藤実盛。自分自身とは距離のある役を、骨格の大きな芸で魅力的に見せた。若く見せるために白髪を黒く染めて出陣する場面の気骨と覇気、そしてどこか漂うユーモラスな温かみは本人の持ち味だ。『ファウストの悲劇』では、金髪のかつらで、メフィストとタンゴを踊り、秩序をかき回し、混沌の世界を生きるファウスト博士を創造した。

## 中嶋朋子

なかじま・ともこ
1971年生

『オレステス』(2006年)
エレクトラ

2歳で劇団に入り、ドラマ『北の国から』の「蛍」を22年間演じた。舞台では、鋭さとはかなさのある演技で強い印象を残す。蜷川作品初登場の『グリークス』ではトロイアの王女カッサンドラを高い集中力で演じた。『オレステス』では姉エレクトラ。清水邦夫の戯曲にもよく合う。『幻に心もそぞろ狂おしのわれら将門』では将門の参謀の妹「ゆき女」を透明感のある演技で見せ、舞台に雨が降りしきる『血の婚礼』では、結婚式から奪われた花嫁「北の女」を好演。不可思議な世界を描く『祈りと怪物』や『太陽2068』では、現実味のある人物造形で物語に説得力を与えた。

## 寺島しのぶ

てらじま・しのぶ
1972年生

『グリークス』(2000年)
エレクトラ

蜷川と出会ったのは、文学座に所属していた19歳の時。『血の婚礼』の「トランシーバー少年」で初登場した。よく通るせりふと、繊細さと大胆さのめりはりの利いた演技が魅力。『近松心中物語』では、心中しそこなう道具屋の家付き娘・お亀を伸びやかに、同じ戯曲に、蜷川が新演出で取り組んだ『新・近松心中物語』では、遊女・梅川の美しく、はかない恋と死を演じた。

『グリークス』では、父を殺した母への復讐に燃えるエレクトラで、実弟の尾上菊之助と共演した。『テンペスト』では、絶海の孤島で育ったミランダ。無垢な瞳で人間と世界を見る清らかさが印象的だった。『欲望という名の電車』のステラも強い印象を残す。映画での活躍もめざましく、戦争で両手足を失った男の妻を演じた『キャタピラー』(若松孝二監督)で2010年のベルリン国際映画祭最優秀女優賞を獲得。出演中だった『血は立ったまま眠っている』の舞台上で銀熊のトロフィーを受け取り、蜷川らに祝福された。

蜷川幸雄の仕事

4

# 同時代を生きる 日本の作家たち

1979年に帝国劇場で初演された『近松心中物語』は大ヒットを記録。その後1000回以上も上演され、蜷川の代表作となる。朝倉摂による舞台装置が、心中をはかるふたり（太地喜和子、平幹二朗）を浮かび上がらせる。

秋元松代は蜷川を、愛と死が交錯する元禄の大坂へ連れて行った。井上ひさしは奔放な言葉の洪水で振り回した。華麗なる三島由紀夫、禁断の愛を仕掛ける寺山修司……一筋縄ではゆかない作家たちと、蜷川は切り結ぶ。

# 近松心中物語

作✪秋元松代
初演✪1979年

近松門左衛門の心中もの3編を自在に組み合わせた秋元松代の脚本と、研ぎ澄ました美で観客を圧倒する蜷川演出との出会いが生んだ名作。

元禄期の大坂。飛脚宿の養子・忠兵衛は、偶然見そめた遊女・梅川と恋におち、身請けのため御用金に手を付ける。古道具屋の婿養子・与兵衛は、店の金を忠兵衛に貸して勘当され、妻お亀はその後を追う。「梅川・忠兵衛」は一途に心中へ向かい、「お亀・与兵衛」は失敗する。正統派の悲劇と、真剣さが滑稽な夫婦の喜劇の同時進行が、近松を現代の物語にした。

幕開け。闇の中で鐘の音が響き、すすり泣きが聞こえる。一条の光が射抜くのは、辻村寿三郎（当時・ジュサブロー）が操る遊女の人形。客席を遊女の一行が道中してゆく。突然、まばゆい光の中に色街が現れる。切々と流れる森進一の歌、降りしきる雪、彼岸花。

忠兵衛（平幹二朗・右）と梅川（太地喜和子・左）。

幕開けに色街を遊女が練り歩く。アートディレクターは、辻村ジュサブロー、照明は吉井澄雄、音楽は猪俣公章。写真は次頁まですべて1979年2月、帝国劇場での初演より。

強烈なイメージを次々と繰り出し、観客を揺さぶる蜷川の演出は圧巻だ。

梅川・忠兵衛の激しさ、悲しさと対照的に、お亀を死なせた与兵衛が、本物の水を張った「蜆川」で死に損なう哀しさ、おかしさは無類。生き残る与兵衛には、伝説に心寄せながら、伝説にはなれない無数の民衆が投影される。

台本に書かれた幕切れの後に、蜷川は、与兵衛が冒頭の色街の喧噪の中に戻る場面を付け加えた。これを見た秋元は台本に「幻影の揚屋町と群衆」と書き加えた。気難しい秋元が「演出家を三振にとろうと思ったら、ホームランを打たれた」と笑ったという。

東宝、後にポイント東京の製作で再演を重ね、2002年までに1035回上演。初演は忠兵衛＝平幹二朗、梅川＝太地喜和子、与兵衛＝菅野菜保之（当時・忠彦）、お亀＝市原悦子。後に、忠兵衛を坂東三津五郎（当時・八十助）ら、梅川を樋口可南子、高橋惠子らが演じた。

04年に新演出の「新・近松心中物語」を上演。阿部寛、寺島しのぶ、田辺誠一、須藤理彩が出演した。

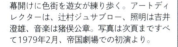

# 浮かびあがる美的洗練

扇田昭彦

『近松心中物語』は、見惚れるまでに巧みな舞台であった。鋭く切れ味のいい演出が絶え間なしに繰り出され、それが闇の奥深さとこまやかさを強調する照明、装置と結びあって、静かに燃えつづける炎のような緊張感を舞台に与えていた。

ことに視覚的な切れ味のよさは、これまでにもまして鋭い。たとえば第3幕、越後屋座敷の場での何気ないシーン――座敷は冷え冷えとして広く、奥行きが深く、全体は部厚い闇の底に沈んでいる。行燈の油掃除などをしながら低く唄う小女郎たちがひっそりとうずくまり、そこを腰を深く折りまげた下女風の老婆が音もなく横切っていく。暗がりのなかで、老婆が髪にさした一輪の彼岸花だけが鋭く赤い。と見ると、屋根の上、露地わきの暗がりにも、彼岸花は点々と不気味に赤く咲いている。暗鬱な状況のなかでも孤立して咲く、情熱と死の象徴としての彼岸花の群れ――さりげない情景のうちにも、蜷川幸雄の世界の一端をあざやかに凍結してみせる一瞬である。

演出家好みのオブジェと美学は健在だとしても、演出の手際には明らかに変化が見られる。それらはとても落ち着きのいい抑制と配慮のもとに配置されているのだ。これまで過剰性のかげで言及されることの少なかった美的な洗練が浮かびあがっている。

蜷川にこうした転調をもたらした一因は、秋元松代の脚本との出合いにあるだろう。ことに、一人の登場人物が、この醒めた衝迫性への転調に大きな影響を与えているように私には思われる。傘屋与兵衛である。この劇が、心中でひとり生き残ってしまい、後追いの首吊りにも失敗した与兵衛の姿で終わることに注目しよう。しかも、蜷川演出は、生き残った与兵衛が、冒頭と同じ騒然たる揚屋町の雑踏のなかを、ひとりわびしく歩みつづける場面をあえてつくり出した。これによってこの劇全体は、もう梅川・忠兵衛のような正統的な悲劇を演じることができない一人のしがない男が、夢想のうちに思いうかべた一編の幻影劇とみなすことも可能なのである。

与兵衛（菅野菜保之〈当時・忠彦〉）とお亀（市原悦子）。

せんだ・あきひこ　演劇評論家。1940年生（2015年没）。元朝日新聞編集委員。新聞、雑誌に数多くの演劇評を執筆して、現代演劇の最前線を紹介。69年から、蜷川の舞台はほぼすべて見てきた。2010年に『蜷川幸雄の劇世界』を刊行。

# 近代能楽集
# 卒塔婆小町

作◎三島由紀夫
初演出◎1976年

1976年7月の初演より、老婆（平幹二朗・右）と詩人（寺泉憲〈当時・哲章〉・左）。国立劇場小劇場にて石坂秀二演出『綾の鼓』、福田恆存演出『班女』、蜷川演出『弱法師』と連続上演された。企画・製作はアートシアター新宿文化の支配人だった葛井欣士郎。

能の演目を踏まえて三島由紀夫が書いたシリーズの一編。戯曲は1952年に発表された。76年の三島追悼公演（東京・国立劇場小劇場）で、蜷川はこの作品を、『弱法師《よろぼし》』とともに演出した。

カップルがベンチで愛をささやく公園で、乞食の老婆が吸い殻拾いをしている。酔った若い詩人が話しかける。99歳の老婆は、自分を「美しい」と言った男たちは皆死んでしまったと語る。すると、どこからかワルツが聞こえ、公園は鹿鳴館の舞踏会に。皆が美しさをほめそやす小町となった老婆と踊る詩人は、彼女の制止を振り切って「君は美しい」と口走り、息絶える。

三島戯曲を「俳優の肉体や演出の介入を拒否している」と受け止めた蜷川は、「文学と芸能の対立」を仕掛けた。出演は全て男優。鹿鳴館の貴婦人はグロテスクでもある。真っ赤な椿の花が降り続く中、ドラマが進む。蜷川が「ボロの堆積のよう」と指定した衣装のまま、老婆と小町を行き来したのは平幹二朗。詩人は寺泉憲（当時・哲章）。

90年以降は壌晴彦が老婆を演じ、2005年まで、東京、さいたま、エディンバラ、ロンドン、ニューヨークなどで上演を重ねる。詩人は井上倫宏、髙橋洋、横田栄司が務めた。

1998年の日本公演より撫子（白石加代子）と身毒丸（藤原竜也）。藤原は前年の同演目ロンドン公演でデビューした。

# 身毒丸

作◎寺山修司　岸田理生《りお》
初演◎1995年

もとは演劇実験室「天井桟敷」が「見せ物オペラ」として、1978年に初演した。寺山修司と岸田理生の共同脚本。継母の呪いで重い病にかかり、盲目となった主人公が、許嫁の愛情と観音の霊力によって元の姿を取り戻すという説経節「しんとく丸」を下敷きにしている。

蜷川が演出したのは、岸田がさらに改訂した台本だ。亡き母を慕う身毒丸は、父が「母を売る店」で買ってきた継母の撫子《なでしこ》に心を開かない。撫子は身毒丸を呪うが、一方で、異性として意識する。身毒丸の「母恋い」もまた、撫子を女として求める気持ちに重なり、まがまがしくも甘美なドラマが展開する。

95年から撫子を演じたのは白石加代子。身毒丸は初め、武田真治が演じた。97年のロンドン公演に向けて、大がかりなオーディションが行われ、偶然スカウトされて参加した藤原竜也が、5537人の中から選ばれた。藤原・白石コンビは、ワシントン公演もあった2008年まで続いた。

11年、主役が矢野聖人・大竹しのぶに交代。愛を渇望し、官能の炎を燃やす撫子が終幕、鬼と化す演出に変わった。

# “フリージャズ・セッション風”演出のはじまり

松岡和子

舞台奥、闇を切り裂く火花が流れ落ちる中、グラインダーのシャーッという轟音が響く。それらがおさまった静謐の奥から、ひっそりと、湧き出るように音楽が寄せてくる。音の流れに乗ってゆるゆると、異形の者たち、夢幻の人々が現れてくる。1995年12月に彩の国さいたま芸術劇場で初演された『身毒丸』の幕開きである。

演劇実験室天井桟敷を主宰した寺山修司の作、彼と共同作業をした岸田理生の台本と小竹信節の美術、蜷川幸雄の演出、白石加代子の強靭な演技——そこには60年代に始まったアングラ・小劇場演劇の最良のものが結集し、武田真治と音楽の宮川彬良という極めて今日的なスターとの幸福な出会いを果たした。

説経節を下敷きにした寺山の原作をもとに、話を身毒丸と継母撫子の愛憎に絞った結果、ラシーヌの『フェードル』を思わせる緊密な筋立てになった。亡き母を恋慕する少年と継母との禁断の恋から「家」の崩壊へ。

母を売る店、仮面売り、苗字を刻んだハンコの面をかぶった人々のラインダンスなど、寺山好みの見世物小屋風の視覚的要素を入れつつも、全体としては紛れもない蜷川の宇宙が実現されていた。満開の桜を描いた振り落とし幕、身毒の地獄巡りを彩るのは無数の百目蠟燭を灯した大八車。極彩色に覆われた劇世界に吉井澄雄の照明が飴色の陰影をつける。

1995年の初演では武田真治が身毒丸を演じ、彩の国さいたま芸術劇場を皮切りに全国を巡演。

『身毒丸』は蜷川幸雄の演出歴において大きな意味を持つ。これが蜷川にとって初の寺山作品の演出であるばかりか、以後彼の演出法の主軸となる「フリージャズのセッション」風の創り方の第一弾であるからだ。つまり、蜷川一人のアイディアだけで舞台を作るのではなく、幾つもの「パート」であるスタッフ、キャストのアイディアも積極的に採り入れるようになったのだ。

1997年10月にはロンドンのバービカン劇場で上演されたが、身毒役の武田真治が出演できないということで、全国規模のオーディションが行われ、審査員全員一致で選ばれたのが当時まだ14歳だった藤原竜也である。

ロンドン公演の幾つかの劇評には「取り憑いて離れない（haunting）」という言葉があったが、喚起力に富むイメージの連鎖は見た者の脳裏に今もまだ取り憑いているはずだ。

まつおか・かずこ　翻訳家、演劇評論家。1942年旧満州新京（長春）生。東京大学大学院修士課程修了。専攻は17世紀イギリス演劇。筑摩書房よりシェイクスピア作品の翻訳シリーズを刊行中。蜷川は95年上演の『ハムレット』より松岡訳のシェイクスピアを多数演出している。彩の国さいたま芸術劇場シェイクスピア企画委員。

荒涼たる風景が広がる舞台にたたずむ、左からミズヲ（勝村政信）、ヒメ女（大竹しのぶ）ら。1999年、シアターコクーンにて。

# パンドラの鐘

作◎野田秀樹
初演◎1999年

野田秀樹の新作戯曲を、野田と蜷川が演出し、同時期に上演した。野田版（東京・世田谷パブリックシアター）と蜷川版（渋谷のシアターコクーン）の劇場の距離はわずか3キロ半。製作発表も合同で行われ、「バトル」は大いに注目された。

太平洋戦争前夜の長崎。米国の大富豪ピンカートン夫人の出資で発掘作業が行われている現場から、土中深く埋められていた古代の王国がよみがえる。女王ヒメ女に助けられた葬式屋ミズヲは、軍隊に加わり、遠征先から「パンドラの鐘」を持ち帰る。その鐘には、一面を焼き尽くす「もう一つの太陽」の秘密が隠されていた。

ヒメ女とミズヲの恋を縦軸にしながら、戦争、原爆、国家権力の重さを描き、「王」の責任と資格を問う重層的な戯曲。蜷川は、舞台をがれきで埋め尽くし、その中に巨大な鳥居を立てた。冒頭に大勢の発掘作業員を登場させるなど、全てを具体的に見せ、戯曲の言葉を正面から掘り下げる。野田作品といえば軽やかな身体の躍動――というイメージと異なるアプローチで、ずっしりと見ごたえのある舞台にした。

ヒメ女は大竹しのぶ、ミズヲは勝村政信。ピンカートン夫人を現代美術家の森村泰昌が演じた。

# ムサシ

作：井上ひさし
初演：2009年

武蔵（藤原竜也・左）と小次郎（小栗旬・右）。
2009年3月、彩の国さいたま芸術劇場大ホールにて。蜷川にとって、初の井上ひさし書き下ろし。

剣豪、宮本武蔵と佐々木小次郎の舟島（巌流島）の決闘で、もし小次郎が死ななかったとしたら。吉川英治の長大な小説『宮本武蔵』の最後にある「手当に依っては」の一文から出発した、奇想の物語だ。

6年後の鎌倉。武蔵が造営を手掛けた禅寺の寺開きに、大徳寺の長老・沢庵《たくあん》、柳生宗矩《やぎゅうむねのり》、寺の後援者である乙女とまいが集まっている。そこへ復讐心に燃えた小次郎が現れ、武蔵に再戦を挑む。人々は決闘をやめさせようとするが、乙女の父の命を奪った犯人がわかったという知らせが届くと、殺し合いを止めようとしていた女たちは一転、仇討ちのために剣術を習いたいと言い出す。

現実の世界を覆う「報復の連鎖」を断ち切らねばならない。その主題を伝えるために、井上ひさしは、あの手この手の工夫を凝らす。蜷川はその言葉を丁寧に伝えながら、竹林と寺が滑るように現れる美しさや、剣術の稽古がいつの間にかタンゴのダンスになるおかしさなど、視覚的な魅力を大いに膨らませた。武蔵役は初演から藤原竜也。小次郎は小栗旬、勝地涼、溝端淳平が演じている。10年にロンドン、ニューヨークでも絶賛され、13年にシンガポール、14年には韓国で上演された。

2015年5月ロンドン、バービカン劇場にて。
右から大島（藤木直人）、カフカ（古畑新之）、
さくら（鈴木杏）。

# 海辺のカフカ

作✪村上春樹
脚本✪フランク・ギャラティ
初演出✪2012年

少年カフカは、世界で一番タフな15歳になるという決意で、父とふたり暮らしの東京の家を出る。長距離バスで四国に着いたカフカは、小さな私設図書館で、司書の大島と、図書館を任されている女性・佐伯に出会う。一方、記憶を持たず、猫と話のできる初老の男ナカタも、星野青年のトラックで四国へ向かう。カフカの父の死、幼い頃に別れた母かもしれない佐伯との交情、ナカタの子供時代の体験、ナカタが探す「入り口の石」……、交錯する様々な出来事の中で、少年は旅を終える。脚本は、村上春樹の長編小説をもとに、米国で作られた（08年、シカゴで初演）。

父の書斎、バス、高速道路のサービスエリア、トラック、図書館、森などが、大きな透明なアクリルの箱に入れられ、場面が変わるたびに、スタッフがその箱を動かす。運命に導かれて、人も場所も、出会い、また別れ、流れてゆく。時間を閉じ込めたような、この装置プランを、蜷川はニューヨークの自然史博物館で思いついたという。

初演ではカフカを柳楽優弥、佐伯を田中裕子が演じた。14年の再演から、カフカは古畑新之、佐伯は宮沢りえ。15年にロンドン、ニューヨーク、シンガポール、ソウルを巡演した。

# 神話を舞台化する演出家の直感

内田樹

村上春樹作品を舞台化したり映画化したりすることは可能なのか。正直言って僕は懐疑的だった。だから、『海辺のカフカ』の舞台を観たときに、違和感なく舞台の上の世界に入り込むことができたのに驚いた。理由をしばらく考えて僕なりの解釈を得た。それは『海辺のカフカ』は「神話」だからということである。

　村上春樹の物語はどれも程度の差はあれ、神話的構造を持っている。昼と夜、聖なるものと邪悪なもの、癒すものと損なうもの……いくつかの根源的な二項対立によって村上文学は構造化されている。ただ、作品ごとにその「神話性」には濃淡の差がある。『海辺のカフカ』は際立って「神話性」が高い（例えば『ノルウェイの森』はそれほどではない）。

　『海辺のカフカ』には、父を殺し母と通じるオイディプスの物語、動物と人間の間・男と女の間を自由に行き来するトリックスターの物語、少年が自分の「アルターエゴ」と訣別する成熟の物語、現代的意匠をまとったカラフルな古代神の物語、「森」とそこからの生還の物語、世界を整序している「石」の物語など、さまざまな神話的断片が万華鏡のように散乱している。

2012年5月の初演では、大島を長谷川博己（右）、カフカを柳楽優弥が演じた。

　神話とは、カオスの一隅に、人間がかろうじてそこでなら生きることのできる限定的な境域を創り出すための装置である。僕たちは「人間がそこでしか生きられない場所」の設計についてあまり細かい条件をつけない（つけているうちに死んでしまうからだ）。構成要素を入れ替えようが、付け加えようが、削除しようが、神話的物語の土台は揺るがない。揺らいでは困る。

　舞台化が成功したのはたぶんそのせいだと思う。蜷川幸雄は演出のねらいを「壮大な物語にちりばめられた小さく美しいディテールをとらえること」と一言で表現した。『海辺のカフカ』はいくつかの印象的な神話的ディテールを取り出し、磨き上げて、提示すれば、それだけで神話として機能し始める。そのことを演出家は直感したのだと思う。

うちだ・たつる　哲学者。１９５０年、東京生。神戸女学院大学名誉教授。京都精華大学客員教授。専門はフランス現代思想、武道論、教育論など。主著に『ためらいの倫理学』『レヴィナスと愛の現象学』『寝ながら学べる構造主義』など。『私家版・ユダヤ文化論』で第6回小林秀雄賞、『日本辺境論』で２０１０年新書大賞。２０１１年に第3回伊丹十三賞を受賞。

『海辺のカフカ』
ワールドツアー中の
稽古場をたずねる

インタビュー　宮沢りえ

# 蜷川さんのハードルと怒声という愛の告白

2015年5月、ロンドン公演を皮切りに『海辺のカフカ』の4か国巡演がはじまった。この舞台で謎めいた過去を持つ女性・佐伯を演じるのは宮沢りえ。ロンドンでの体験を伺うべく、次なるNY公演の稽古に励む彼女をたずねた。［芸術新潮編集部］

初日のカーテンコールで壁が揺れるくらいの拍手をいただいたのが、すごく嬉しかったです。観客のその反応によってイギリス人スタッフのモチベーションがグググッと上がったのも、おもしろかった。初日があける前は、どことなく出演者や日本人スタッフと温度差があったんです。ところが熱狂的な反応にイギリスのスタッフがいちばん驚いて、「イギリス人がこんなに興奮しているのを初めて見た」って。彼らの気持ちの変化は翌日の公演から明らかで、物を作る者同士の共通意識が国境を超えて芽生える瞬間に立ち会えたことは、ロンドンで見つけた素敵な宝だったなって思います。

演じるにあたっては、村上春樹さんの世界のなかに生きる女性がどんなことを考え、どんなことを声に出して発信していくのかを大事にしています。カフカ少年が旅をすることで、蜷川さんや村上さんの脳のなかを旅する感覚になるのも楽しい。いいせりふもいっぱいあって、稽古でも本番でも毎回ハッとさせられます。今日の私には「夢の中から責任は始まる」というイェイツの言葉のくだりがすごく響いた。

蜷川さんは厳しいことで知られていますが、私には稽古中の

2015年、ロンドンのバービカン劇場での『海辺のカフカ』公演より。手前はカフカを演じる古畑新之。

Profile
みやざわ・りえ　1973年、東京生。女優。2014年、2015年に舞台『海辺のカフカ』で佐伯役を好演。蜷川幸雄演出作品では他に『下谷万年町物語』（2012）、『盲導犬』（2013）、『火のようにさみしい姉がいて』（2014）に出演。

ロンドン公演を控えての稽古で。「稽古でも衣装や照明、セットを本番に近い状態に整え、演じやすいよう配慮してくださる。それも蜷川さんの舞台への愛情だと思う」と宮沢。

怒声も作品に対する愛の告白にしか聞こえないんです。作品をつくることに滾《たぎ》りつづけている人。それは3年前、『下谷万年町物語』（作・唐十郎）で初めてご一緒させていただいた時から感じています。やれることのボーダーラインを作らず、不可能だろうと思うことを「実現できたら、おもしろいのになあ」と口に出してしまう。蜷川さんを愛して集まってくるスタッフも、無理難題を言われると顔を輝かせてクリアしていく。とても高いところにポジションを決めて、そこに向かって役者やスタッフを持ち上げてくれる方なんです。低いハードルをポンッと目の前に出されるほど寂しいものはありません。越えられるか越えられないかなんて、やってみないと分からない、そのくらいのハードルを与えてもらったときのほうが自分でも計り知れないエネルギーが出ますし。

蜷川さんはいつも演出の参考になる本を読んでらして、必要な糧をものすごく貪欲に集めている真摯なところも、すごいなって思います。誰よりも戯曲を掘り下げて、愛していらっしゃる。この人と一緒に仕事がしたいと役者さんにもスタッフにも思わせてしまうエネルギーの源流は、そこにもあるだろうという気がします。

今は次のNY公演が楽しみ。ロンドンで感じた〝国境を超えて伝わった〟という高揚感はしっかり残っているので、この体温のまま誠実に演じたいです。

（2015年5月、『海辺のカフカ』稽古場にて）

稽古にてカフカと語り合う場面。「蜷川さんに怒られて、おでこを地面に引きずるようにして帰る気分の日もある。でも落ち込むだけ落ち込んで、それをバネにする」。

## 同時代の作家たちと生み出したもの

シェイクスピアなどの翻訳劇に比べると、蜷川が演出した日本の戯曲はあまり多くない。15本の清水邦夫をのぞけば、それぞれの作家が数本ずつだ。だが、1本1本の密度は高い。

### 秋元松代

商業演劇の世界で、蜷川が初めて向き合った日本の劇作家は秋元松代だ。芝居を書く女性が、まだ珍しい時代に、筆一本で生き抜いた孤高の人である。自分に厳しいが、他人の仕事ぶりにも容赦はなかった。かつて、インタビューでこんなことを話してくれた。

「上演がいつも期待はずれだったので、むしろ上演がなかったら、どんなに幸福だろうと思いましたね。私の頭の中には立派な劇場があり、立派な俳優がいるので、それで十分満足です。それに比べ、現実は貧しい」

そんな秋元が「私のイメージ以上の舞台」と、嬉しそうに振り返ったのが、『近松心中物語』だ。

執筆時、67歳だった秋元は、蜷川の舞台を見て、その才能を確信していたという。後に演劇評論家、扇田昭彦に「蜷川さんが成功する芝居を書けるのは私だけだと思ったんです。これは絶対当たると思っていましたね」と語っている。満々たる自信が秋元らしい。

対する蜷川は43歳。こんな演出メモを残している。

「秋元先生の戯曲に、言葉に拮抗すること。目に見えることと、聴くこと――言葉――は等価であることを、ぼくらのスタートに据えよう」

この成功を受け、秋元は蜷川のため

秋元松代作『元禄港歌』より。1980年8月、帝国劇場にて。群衆が登場する冒頭場面。

三島由紀夫の戯曲2作を同時上演した『ミシマダブル／サド侯爵夫人』より。2011年、シアターコクーンにて。

に『元禄港歌』『南北恋物語』を書き下ろした。蜷川は後に、秋元の『七人みさき』も演出している。

## ミシマとテラヤマ

ともに早くに亡くなったスター作家、三島由紀夫と寺山修司の戯曲も、蜷川は演出している。海外でも上演し、評価は高い。だが、ふたりの演劇観への異議もしばしば語っている。

蜷川は、レトリックを駆使した華麗なる三島戯曲に対し、尊敬と反発の両方を感じるという。言葉だけで完璧に出来上がった世界で、他者の介入を拒絶している。三島は俳優の肉体を信じていないのではないか、と。

だから、三島戯曲には、「演劇の現場」の力で立ち向かう。『卒塔婆小町』は男性だけで上演した。公園で恋をささやく若い女性も、鹿鳴館の貴婦人も男優が演じる。グロテスクな姿も交じるその違和感は、猥雑さをはらむ「演劇」の「文学」への反撃であろう。

『ミシマダブル』と銘打って『サド侯爵夫人』と『わが友ヒットラー』を男優だけで同時上演したのも、現場の力を極限まで絞り出す試みだった。1本でも膨大な三島のせりふを2本同時に覚えて演じる俳優の苦労は並大抵ではない。ましてや『サド侯爵夫人』では全員が女形だ。ベテランの平幹二朗が「一度にやる恐ろしさは、やってみるまで分からなかった」と話していた。『サド侯爵夫人』のヒロインは東山紀之、その妹は生田斗真。美形の女形を見る楽しさもまた、現場の力だ。

蜷川は、同じ年に生まれた寺山修司とは、生前、ほとんど接点がなかったという。「見世物の復権」を掲げて寺山が主宰した演劇実験室「天井桟敷」の舞台は見たが、俳優の身体をオブジェのように扱う姿勢には反発した。

その寺山の『身毒丸』が蜷川の一つの転機になったのは、おもしろいめぐりあわせだ。これを機に蜷川は「即興演出」を始め、「モノクロに見えていた世界がカラーになったような体験」をしたという。

『身毒丸』で、寺山の世界と蜷川を結

んだのは、岸田理生（1946〜2003）の脚本だ。天井桟敷で寺山と共同で脚本を書いていた岸田は、自身の劇団では女性の官能性を通して歴史や社会と対決し、深い思いを込めた言葉でつづる戯曲を数多く発表した。蜷川は泉鏡花原作『草迷宮』と李碧華《リーピクワー》原作『さらば、わが愛　覇王別姫』も岸田脚本で上演している。

寺山作品では、『血は立ったまま眠っている』を森田剛、ボクサーを目指す若者が主人公の『あゝ、荒野』（夕暮マリー脚本）を松本潤、63年に初演されたが出版されず幻の戯曲といわれた音楽劇『青い種子は太陽のなかにある』を亀梨和也の主演で演出している。

## 年下の才能たち

一世代下の劇作家の中で、蜷川が厚い信頼を寄せるのが、岩松了だ。うねる感情や官能を、一見穏やかな日常の中で描く。90年代から日本の演劇界に広がった「静かな演劇」の代表格とされるが、蜷川は「岩松さんが静かだなんて、冗談じゃない。あんなに激しい作家はめったにいない」と言う。

外に向かって叫ぶのではなく、怒りも愛も内へ内へと向かい、次第に高まる圧力が、いつ暴発するか分からない不穏さをはらむ。そんな岩松の世界を蜷川は、二宮和也、小泉今日子主演『シブヤから遠く離れて』、さいたまゴールド・シアター『船上のピクニック』『ルート99』の3本の舞台にした。

野田秀樹の作品は独特だ。重いテーマを持ったスケールの大きな物語を、言葉遊びや躍動する身体という軽やかな手つきで観客に示す。そんな作者本人による演出と分かち難く見える野田戯曲を、蜷川は2回演出している。

『パンドラの鐘』は、野田演出の舞台と同時に上演する「バトル」でも注目された。舞台美術に紙を使った遊び心あふれる野田版とは対照的に、蜷川は、天皇制と戦争責任に言及する戯曲に正面から切り込んだ。がれきと鳥居という具体的な美術がそれを象徴する。野田戯曲のにぎやかな表層をはぎ取って、劇の核心に向かう演出は、野田の旧作『白夜の女騎士《ワルキューレ》』でも見せた。

作者との演出バトルは、ケラリーノ・サンドロヴィッチとも『祈りと怪物　ウィルヴィルの三姉妹』でしている。

## 井上ひさし

1歳上の井上ひさしの戯曲を初めて演出したのは、2005年『天保十二年のシェイクスピア』だった。

大家となったいまでは想像しにくいが、ふたりはともに、長く新劇が中心だった演劇界の周縁から登場した才能だ。井上はストリップ小屋と放送の台本で腕を磨き、かつては傍流とされた喜劇作家の道に進んだ。井上も蜷川も、教養主義、啓蒙主義の新劇に対し、強い反抗心を抱いていた。

そんな井上の反逆のエネルギーが燃えさかる『天保十二年のシェイクスピア』は、蜷川にとって、74年の発表時から気になる戯曲だったという。

蜷川演出ではまず、舞台の上にシェイクスピアの本拠地ロンドンのグローブ座がある。そこへ、肥桶を担いだ

井上ひさし作『天保十二年のシェイクスピア』の幕開け。2005年、シアターコクーンにて。

「百姓隊」がなだれ込み、劇場を壊して、みるみる江戸時代の宿場町に変えてしまう。大衆芸能で愛されてきた『天保水滸伝』にシェイクスピアの全37作を重ねた破天荒な戯曲を、蜷川は猥雑で活力あふれるカーニバルにした。

蜷川はそれから、『藪原検校』『道元の冒険』『表裏源内蛙合戦』『たいこどんどん』『しみじみ日本・乃木大将』『日の浦姫物語』と70年代に書かれた戯曲を立て続けに演出。井上の初期作品が持つ奔放さを「暴れ馬」にたとえ、それと対峙することで演出家として「再生したい」と感じているという。

## ふたりの『ムサシ』

井上が蜷川演出に書き下ろした唯一の戯曲が09年『ムサシ』である。

これは、宮本武蔵をテーマにした日米合作のブロードウェイ・ミュージカルとして企画され、実現しなかった「前史」のある作品だ。20年以上たって、井上が新たな発想で書こうと思いたち、ブロードウェイ版のプロデューサーの一人だったホリプロの堀威夫に連絡。蜷川と結びついた。

井上が書き上げたのは、「報復の連鎖を断ち切る」物語だった。蜷川はこれを端正な舞台に仕上げた。

井上は俳優に対していつも「せりふは一字一句間違えないで」と言っていた。全てはせりふに書いてある、という作家の自負だろう。

その井上に上演の感想を聞くと、最後の場面に感心したという答えが返ってきた。

武蔵と佐々木小次郎が、旅支度をしている。せりふは一切ない。だが、ふたりの関係の変化と流れる感情が手に取るように分かる、と。「言葉の作家」から演出家と俳優への、最高の賛辞だ。

『ムサシ』は10年にロンドンとニューヨーク、13年にはシンガポール、14年には韓国でも大成功をおさめた。井上はニューヨーク公演を特に楽しみにしていたが、その直前に世を去った。

ニューヨークの千秋楽。カーテンコールで拍手にこたえる蜷川の手には、井上の写真があった。

インタビュー

# 藤原竜也

# 言われ続ける「言葉、言葉……」

**「蜷川」の名前も知らなかったサッカー少年が街でスカウトされ、5537人の中から『身毒丸』の主役に選ばれた。デビューの舞台はロンドンのバービカン劇場だった**

最初にかけてもらった言葉は、「先生って呼ばなくていい。蜷川さんって呼んでくれ」でした。あとは、汗をかいてかゆくなっても、「芝居中に鼻を触っちゃダメ」。優しかったです。

稽古場では毎日、本当に細かく教えてもらいました。「言葉一つ一つを丁寧に伝える。詩のような言葉は、一つ一つを空中に置いていくような感覚で」と。今も言われていることは一緒。言葉、言葉です。

卵が割れて、初めて見た、そういう親みたいな存在です、蜷川さんは。僕が勝手に思っていることだけれど、二人三脚というか、常に一緒にいて、よその現場で迷った時は電話でアドバイスしてもらって。生きる上、仕事をする上で、その言葉が指標だった。そういう10代でした。『身毒丸』の次に『唐版　滝の白糸』、その後に『近代能楽集　弱法師』。寺山修司、唐十郎、三島由紀夫という劇的な、ものすごい世界を見せてもらい、必死についていった。そして初めてのシェイクスピア。年齢にあった役を的確に与えてくれた。いい教育をしてもらったなって思います。

初めて反抗したのは『弱法師』のニューヨーク公演。（舞台で位置を確認する）場当たりで「昨日まで良いと言われていたことが、今日ダメって言われる理由がわからない」と言ったら、蜷川さん怒って、「じゃあ徹底的に稽古してやる」と。1週間の公演期間中ずっと、リンカーンセンターの舞台で本番前に3、4時間、一対一で稽古しました。

稽古で何度も何度も繰り返すことで、殻を破ってバーンって役に入る瞬間があるんです。抽象的にしか言えないのですが、「入った」と自分で分かる瞬間が。

2005年6月、『近代能楽集　弱法師』で盲目の青年・俊徳を演じた。藤原にとって初の三島作品。彩の国さいたま芸術劇場で上演の翌月、ニューヨーク・リンカーンセンターに巡演。

その時、蜷川さんは「それでいい」って言ってくれます。

## 少年から青年、そしておとなの俳優へ。蜷川が藤原に求めるものは、厳しさを増してゆく

シェイクスピア『ジュリアス・シーザー』より。民衆の感情を巧みにつかむマーク・アントニー役。2014年10月、彩の国さいたま芸術劇場大ホールにて。

20歳を超えた頃から、だんだん演出家と俳優として向き合えるようになった。蜷川さんとの仕事が終わると、階段を一歩上ったという充実感があったし、次のステップへの向上心も生まれた。ずっと幸せでした。

でも、『ジュリアス・シーザー』と『ハムレット』は、本当に苦しかった。変わってきた蜷川さんの演劇への考え方を、瞬間的にキャッチするのは非常に難しかったんです。

「お前がやっているのは全部俺が教えてきたことだ。でも、俺はいま変わってきている。それが表現できるようになったら、これから俳優として楽になるから、頑張ってついてこい」「いま分かるのは1パーセントでもいい。10年後、20年後に、ああこういうことだったんだと気づく時がきっとくる」と、しごかれました。

「泥水に顔をつっこんで、究極まで苦しくなったら手を挙げろ。その瞬間にその手をつかまえてやる」とも言ってくれたけれど、1回もつかんでくれなかったですね。もっと地に堕ちろというメッセージなんでしょう。

特に、蜷川さんが病院から稽古場に通っていた『ハムレット』では、命を削って鍛え直してやる、という思いを感じました。「竜也！　違う!!」と怒鳴られっぱなし。徹底的にやられました。「内容のない言葉を出すな」「ただせりふをしゃべるな。伝えろ」「内面に向かって、自分と会話しろ」と言われ続けました。技術的には「汚い音は絶対に出すな」「グッとこらえてしっかりと通る声で伝えなければダメだ」とか。

ロンドンで『ハムレット』を演じるという宝物のような経験をさせてもらいました。ただ、打ちのめされた傷も深かったですね。半年たっても治らないほど、でしたから。

僕はいつも、台本を全部覚えてから稽古に入ります。でも時々、怖い夢を見ます。初日前日に劇場で通し稽古をしていて、「せりふが（頭に）入っているか？」と焦る夢。目が覚めて、「ああよかった、演らなくていいんだ」ってほっとする。他の現場では、絶対見ない夢です。

蜷川さんと仕事をすると、「これをやったんだ」という人生にとって確実な何かが残ります。それは本当にすごいことだと思っています。

Profile

ふじわら・たつや　1982年生。97年に『身毒丸』の主役でデビュー。以来、蜷川幸雄のもとで、日本の現代劇、シェイクスピア劇、ギリシャ悲劇など多彩な12作品に出演。ほとんどの舞台で主役を演じている。2000年『唐版　滝の白糸』、00〜01年『近代能楽集　弱法師』、03年『ハムレット』、04〜05年『ロミオとジュリエット』、05年『天保十二年のシェイクスピア』(「きじるしの王次」役)、06年『オレステス』、09年『ムサシ』で宮本武蔵を演じた。12年『下谷万年町物語』『日の浦姫物語』、14年『ジュリアス・シーザー』(アントニー役)、15年『ハムレット』。

## 蜷川幸雄をめぐる人々 8

# 劇作家

### 秋元松代
あきもと・まつよ
1911年生（2001年没）

横浜で生まれ、小学生で肋膜炎にかかって進学せず、闘病しながら、自宅にあった「近代劇全集」などで独学した。戦中は、思想犯として投獄されたり、結核で入院したりした兄たち（俳人の秋元不死男ら）の世話に明け暮れた。戦後、三好十郎に師事し、36歳で初の戯曲『軽塵』を発表。古典や民俗学の教養を踏まえて書かれた戯曲は、堅牢な構造を持ち、人物造形にも厚みがある。その重量級の言葉に、ダイナミックな蜷川演出が拮抗して、代表作『近松心中物語』が生まれた。この成功を受け、『元禄港歌』『南北恋物語』の3部作を書いた。『近松心中物語』が上演1千回を迎えた時は90歳。車椅子で明治座の舞台に登場し、観客から大きな拍手を受けた。蜷川は『七人みさき』も演出している。

### 三島由紀夫
みしま・ゆきお
1925年生（1970年没）

高校まで学習院で学び、東大法学部を卒業。学生時代から執筆を始め、大蔵省に入省するが1年足らずで作家専業となる。『仮面の告白』『潮騒』『金閣寺』『豊饒の海（四巻）』など小説のほか、一時は文学座に参加するなど演劇とも深く関わり、『鹿鳴館』や新作歌舞伎『鰯売恋曳網《いわしうりこいのひきあみ》』などの戯曲を残した。作品は翻訳され、海外でもよく知られている。1970年に自衛隊市ケ谷駐屯地で割腹して自死。蜷川は追悼のために企画された公演で『近代能楽集』の『卒塔婆小町』と『弱法師』を演出。後に海外でも上演している。2011年には『ミシマダブル』と銘打ち、『サド侯爵夫人』と『わが友ヒットラー』を同じ俳優で同時上演した。

### 井上ひさし
いのうえ・ひさし
1934年生（2010年没）

笑いの中に深い思索と歴史を語った作家、劇作家。放送作家としてスタートし、この頃、ミュージシャンだった堀威夫（ホリプロのファウンダー最高顧問）と出会ったことが、後の『ムサシ』につながる。本格的な劇作家デビューは1969年『日本人のへそ』。72年に小説『手鎖心中』で直木賞、『道元の冒険』で岸田國士戯曲賞を受賞した。83年に自作を上演する「こまつ座」を旗揚げし、数々の秀作を残す。新国立劇場では、こけら落とし『紙屋町さくらホテル』から『東京裁判3部作』まで戦争と向き合い続け、憲法9条を守る運動にも積極的に関わった。蜷川の初演出は2005年『天保十二年のシェイクスピア』。以後、『藪原検校』『道元の冒険』『表裏源内蛙合戦』『たいこどんどん』『日の浦姫物語』『しみじみ日本・乃木大将』に取り組んだ。唯一の新作が『ムサシ』。台本が遅れ、1幕を仕上げて続きを待っていた蜷川や藤原竜也らが鎌倉の井上邸を急襲し、コーヒーを飲んで帰ったというエピソードもある。

### 寺山修司
てらやま・しゅうじ
1935年生（1983年没）

蜷川と同じ年に生まれ、47歳で死去した。高校時代から注目された俳句、短歌をはじめ、詩、エッセイ、ラジオドラマ、映画、ボクシングや競馬の評論など様々な分野で光を放ち、「職業は寺山修司」と自称した。演劇では「見世物の復権」を唱え、67年に横尾忠則らと演劇実験室「天井桟敷」を結成。『青森県のせむし男』『毛皮のマリー』などを上演する一方、街を演劇空間にする「市街劇」で世間を騒がせた。蜷川が寺山作品を初めて手掛けたのは95年の『身毒丸』（岸田理生の改訂脚本）。2010年以降、寺山が60年に発表した初戯曲『血は立ったまま眠っている』、長編小説の舞台化『あゝ、荒野』、寺山が20代で書いた音楽劇『青い種子は太陽のなかにある』を続けて演出している。

### 野田秀樹
のだ・ひでき
1955年生

神話的スケールの物語と詩情と言葉遊びにあふれたせりふを書く劇作家。素早い展開と豊かな身体表現で観客の想像力に訴える演出家、そして俳優でもある。東大在学中に作った「劇団夢の遊眠社」で1980〜90年代の小劇場演劇を牽引。83年に『野獣降臨《のけものきたりて》』で岸田國士戯曲賞を受けた。ロンドン留学から帰った93年以降は、「NODA・MAP」を母体に秀作、話題作を発表し続けている。『赤鬼』は英語、タイ語、韓国語でも上演。英語で書き、ロンドンで初演した『THE BEE』はヨーロッパ各地でも高く評価されている。

蜷川とは自作『パンドラの鐘』を同時期に上演する「演出バトル」で話題に。蜷川は2006年に、85年に初演された戯曲『白夜の女騎士《ワルキューレ》』も演出している。

# 蜷川幸雄をめぐる人々 9

## 俳優

### 沢竜二
さわ・りゅうじ
1935年生

『冬眠する熊に添い寝してごらん』（2014年） 祖父（熊猟師三世）

「女沢正」といわれた女剣劇役者を母に、巡業先の芝居小屋で生まれ、4歳で初舞台。16歳で座長になった。「ドサ役者」を名乗り、「全国座長大会」を四半世紀以上続ける、大衆演劇のリーダーでもある。翻訳劇にも日本人の土着の感性や民衆の生活感を盛り込もうとする蜷川が信頼を寄せている。『ハムレット』の旅芝居の座長と墓掘り、『NINAGAWAマクベス』の門番、ベケットの不条理劇『ゴドーを待ちながら』のポッツォなどで、強い印象を残す。野田秀樹作『パンドラの鐘』では、発掘を指揮する「カナクギ教授」と古代の女王の兄「狂王」を演じて老練さを見せた。侠客の世界にシェイクスピアの登場人物を重ねた井上ひさし作『天保十二年のシェイクスピア』では、大衆演劇のにおいたっぷりに「大前田の栄五郎」を熱演。『下谷万年町物語』や『冬眠する熊に添い寝してごらん』などにも出演した。

### 菅野菜保之
かんの・なおゆき
1939年生

『近松心中物語』（1979年） 傘屋与兵衛

文学座出身。かつては菅野忠彦の名前で活動した。

蜷川作品には、大劇場での初期から数多く出演している。『リア王』のグロスター伯爵、『オイディプス王』の予言者テイレシアス、『テンペスト』のナポリ大公など、多彩な役を演じている。

当たり役は『近松心中物語』の古道具屋の婿養子、与兵衛。美しく一途に心中する「梅川・忠兵衛」と対照的に、妻お亀だけを死なせて生き残る。心にうつろなものを抱えたこの人物が、店のたんすをこじあけて、幼なじみの忠兵衛に大金を渡してつぶやく「ええ気分や」という言葉や、お亀に「済まんけど、寿命のくるまで生かしといてや」と告げるせりふには、頼りなさの中に、虚無感と凄みが宿る。終幕で僧形となり、色街の喧噪の中に消える背中が、この劇の現代性を象徴していた。秋元松代の3部作『元禄港歌』『南北恋物語』にも出演している。

『桜の園』のラネーフスカヤの兄ガーエフや、『お気に召すまま』の道化タッチストーンなども柔らかく演じている。

## 太地喜和子《たいち・きわこ》

1943年生（1992年没）

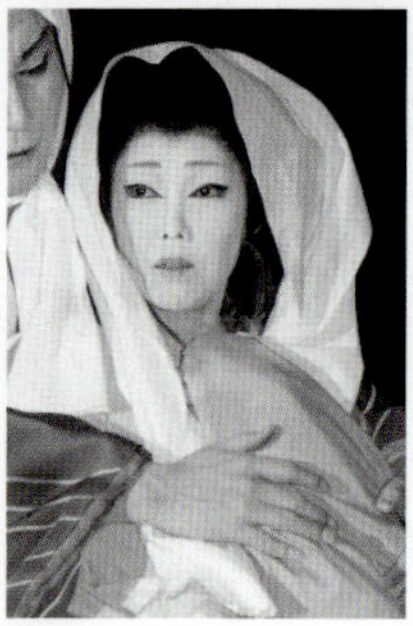

『近松心中物語』（1979年）　梅川

妖艶さとかわいらしさ、情熱的な演技と生き方で広く愛された。高校在学中に映画デビューしたが、俳優座養成所で学び、杉村春子に憧れて文学座へ。劇団の中心女優として活躍していた花の盛りに、旅公演先の事故で亡くなった。新劇出身だが、様式性のある演技も得意にし、代表作は、平幹二朗とのコンビで再演を重ねた『近松心中物語』の梅川。同じ秋元松代の『元禄港歌』でも平と恋人役で、盲目の旅芸人、瞽女の初音を演じた。『仮名手本忠臣蔵』（1991年帝国劇場公演）には、大星由良之助の妻お石で出演している。

蜷川が出演したドラマを見た太地の「尊敬できなくなるから俳優をやめてちょうだい。食えないんなら、私が食わせてあげる」という言葉の真剣さに打たれて、蜷川は俳優をやめたという。

## 木場勝己《きば・かつみ》

1949年生

『ミシマダブル　わが友ヒットラー』（2011年）
グレゴール・シュトラッサー

悲劇でも喜劇でもミュージカルでも、確かなせりふと深みのある演技で多くの劇作家、演出家の信頼を集めている。櫻社を経て、劇作家の竹内銃一郎らと斜光社、秘法零番館で活動した。

蜷川作品には櫻社『ぼくらが非情の大河をくだる時』で初めて出演（当時の名は西村克己）。『盲導犬』では初演と2014年公演で、体制を象徴する「男」（盲導犬学校の先生）を演じている。『オセロー』のイアーゴー、『天保十二年のシェイクスピア』の語り部でもある百姓隊長、『道元の冒険』の道元の高弟、ちょんまげをつけて登場した『ファウストの悲劇』の口上役など、いくつもの作品で物語の要の役割を果たす。『ミシマダブル』では、『サド侯爵夫人』の悪徳に生きるサン・フォン伯爵夫人と『わが友ヒットラー』のナチス党幹部を並行して演じた。『海辺のカフカ』の無垢な心を持つ「ナカタさん」も絶品だ。

## 立石涼子《たていし・りょうこ》

1951年生

『日の浦姫物語』（2012年）
三味線女

貴婦人、老婆、妖艶な人妻、苦労人の母親……など、多彩な役柄を確かな演技力で表現し、舞台を支える。演劇集団円出身。英国のサイモン・マクバーニー演出『春琴』などで海外公演の経験も豊富だ。蜷川作品ではキャピュレット夫人を演じた『ロミオとジュリエット』などシェイクスピア作品や『皆既食』といった翻訳戯曲、さらに『表裏源内蛙合戦』『冬眠する熊に添い寝してごらん』など日本の作品でも幅広く実力を発揮。『ヘンリー四世』では、居酒屋の女主人クイックリーを演じ、大酒飲みの老騎士フォルスタッフとのやりとりで舞台を弾ませた。

## 大石継太《おおいし・けいた》

1960年生

『ムサシ』（2009年）　平心

1983年からニナガワ・スタジオに参加し、『タンゴ・冬の終わりに』の「幻の観客たち」の一人として登場して以来、数多くの蜷川作品に出演してきた。『近松心中物語』の与兵衛、『夏の夜の夢』のライサンダー、『ムサシ』

の禅僧・平心、『サド侯爵夫人』の貞淑の鑑シミアーヌ男爵夫人など印象に残る役は多い。オールメールのシェイクスピア喜劇『お気に召すまま』で演じた、田舎娘フィービーに片思いする羊飼いのシルヴィアスは、滑稽さの中に混じりっけなしの純情が見え、温かく、さわやかな笑いを巻き起こした。

## 勝村政信

かつむら・まさのぶ
1963年生

『表裏源内蛙合戦』(2008年) 裏の源内

2年間ニナガワ・スタジオに所属して俳優としての基礎を培った後、小劇場ブームを牽引した劇団「第三舞台」などで活躍した。90年代半ばからは再び、蜷川作品に数多く出演している。

せりふは歯切れよく、演技は柔軟でスピードがある。『近松心中物語』の与兵衛や『マクベス』のマクダフ、『コリオレイナス』のタラス・オーフィディアス、『表裏源内蛙合戦』の「裏の源内」、『ファウストの悲劇』のメフィストフェレスなど、主人公を相対化し、作品に厚みをもたらす役を演じることが多い。

長大な『コースト・オブ・ユートピア』では無政府主義者バクーニン。どんどん太り、老けてゆく外見の変化でも観客の目を奪った。『シンベリン』の「王妃の連れ子」役では「お馬鹿」に徹して舞台を弾ませた。一方で、『祈りと怪物』の「町を牛耳るボス」や、『冬眠する熊に添い寝してごらん』の「伝説の熊猟師」では、重厚な演技を見せている。

## 古田新太

ふるた・あらた
1965年生

『たいこどんどん』(2011年) 桃八

大阪芸術大1年の時に、誘われて劇団☆新感線に参加。学生演劇から出発し、国内最大級の観客数を誇る劇団となった新感線の中心俳優として活躍してきた。いかがわしいのに格好良く、図太さ、愛嬌、色気もたっぷりの人気者だ。映画やテレビでも活躍している。

蜷川作品への初登場は『真情あふるる軽薄さ2001』の「中年男」。にこやかな中に怖さを秘め、若者の反乱を抑圧する体制の象徴を表現した。

続いて、猥雑なパワーに満ちた井上ひさしの初期戯曲2本に主演。『藪原検校』では、悪行の限りを尽くして社会の底辺からはい上がろうとする盲目の若者・杉の市。憎めない悪漢を生き生きと見せ、9分にも及ぶ語り芸も聞かせた。『たいこどんどん』では、中村橋之助演じる若旦那と、東北各地を流れ歩く、たいこもちの桃八。悲惨な目に遭っても明るくおどける姿に活力があふれ、哀しみがにじんだ。唐十郎作『盲導犬』(2013年)では盲目の影破里夫を演じ、無頼のエネルギーを発散させた。

## 鈴木杏

すずき・あん
1987年生

『ムサシ』(2009年) 筆屋乙女

子役としてテレビドラマなどで活躍し、15歳で『奇跡の人』のヘレン・ケラー役で初舞台。初めての蜷川演出は藤原竜也主演『ハムレット』。16歳のオフィーリアだった。翌年の『ロミオとジュリエット』でも藤原と共演。恋の喜びと若さが弾け、運命を全速力で駆け抜けるジュリエットは愛の伝説にふさわしい輝きだった。『ムサシ』の筆屋乙女役では、「報復の連鎖を断ち切る」という作品のテーマとなるせりふを、説得力のある演技で担った。『白夜の女騎士《ワルキューレ》』の「眠り姫」、『冬眠する熊に添い寝してごらん』の詩人ひばり、『海辺のカフカ』の美容師さくらと、様々な役で蜷川ワールドを生きている。

蜷川幸雄の仕事

5

# 海外の戯曲

繊細なチェーホフの世界。壊れてゆくブランチ。若き皇帝カリギュラが生み出す混沌。理想を追い続ける知識人たちの長い闘い。折々に取り組む海外の戯曲を通して蜷川は、世界の多様な知性と触れる喜びを語る。

アルベール・カミュ作『カリギュラ』(2007年11月、シアターコクーン)より。戯曲の設定は古代ローマだが、舞台はネオン管が彩る。破滅の皇帝カリギュラ役は小栗旬(中央)。

# かもめ

作◎アントン・チェーホフ
初演出◎1999年

舞台と客席が近い、STUDIOコクーンにて。ニーナ（宮本裕子・右）、トレープレフ（髙橋洋・左）。

アントン・チェーホフの四大戯曲の一つ。蜷川は1999年にBunkamura製作で手がけた。上演場所は、東京・渋谷にあった「STUDIOコクーン」。シアターコクーンの稽古場を、芸術監督に就任したばかりの蜷川が小劇場にも使おうと提案し、これが最初の公演になった。ここが劇場として稼働したのは2年ほどだったが、約170席の親密な空間だった。

田舎の屋敷で暮らす青年トレープレフは、芸術の「新しい形式」を追って、ニーナを主役に演劇を上演するが、母親で有名女優のアルカージナと、その愛人で流行作家のトリゴーリンの前で、失敗する。女優に憧れるニーナはトリゴーリンを追ってモスクワへ旅立つ。2年後、作家になったトレープレフのもとに、傷ついたニーナが現れる。

トレープレフはニーナを愛し、ニーナはトリゴーリンにひかれ、農場管理人の娘マーシャはトレープレフが好きで、教師はマーシャに求婚……と、いくつもの恋はどれも一方通行。蜷川はそれを、俳優の視線で繊細に表現した。アルカージナ原田美枝子、トレープレフ髙橋洋、ニーナ宮本裕子。トリゴーリンを、俳優としても活動する、作家の筒井康隆が演じたのも注目された。

# 欲望という名の電車

作✪テネシー・ウィリアムズ
初演出✪2002年

狂気を帯びるブランチ（大竹しのぶ・左）と妹ステラ（寺島しのぶ・右）。2002年5月、シアターコクーンにて。

アメリカ・ニューオリンズの下町、停車場に白い服を着たブランチが降り立つ。実家の大農場は没落し、彼女自身もある事情を抱えて、妹ステラを頼って来たのだ。だが、繊細でプライドの高いブランチは、粗野で活力あふれる妹の夫スタンリーとことごとくぶつかる。新たな暮らしの夢は破れ、傷つき、ブランチの心は壊れてゆく。

テネシー・ウィリアムズの代表作。蜷川は1988年に、舞台を大正か昭和の初め頃の東京に移した翻案劇『欲望という名の市電』（東宝製作、堀井康明脚本、帝国劇場）を演出した。主人公「雪子」を浅丘ルリ子が演じた。

2002年、シアターコクーンで原作通り、ノーカットで上演した（Bunkamura製作）。

舞台を広く使うことが多い蜷川には珍しく、ステラの家の装置を舞台手前に置いた。奥行きのない狭い室内で顔を突き合わせるブランチ、ステラ、スタンリーは、相手と濃密な関係を結ばざるを得ない。愛情も、怒りも、欲望も、哀れみも、むせかえるように熱い。ブランチ大竹しのぶ、ステラは寺島しのぶ、スタンリー堤真一という配役。大竹は、主人公の複雑な内面を、多彩な表情と表現で見せ、喜劇性もある新しいブランチ像を作った。

# カリギュラ

作　アルベール・カミュ
初演出　2007年

2007年11月、シアターコクーンにて。
カリギュラ（小栗旬）。

妹の死をきっかけに、理由なく人の生命や財産を奪うなど、常軌を逸した行動をとり始めたローマ皇帝カリギュラ。この若き皇帝を、狂った暴君ではなく、不幸で残酷な人間とこの世を冷静に認識し、その不条理と孤独に向き合う人物として描く。フランスでの初演は1945年。

シアターコクーン公演（Bunkamura製作）は、主演の小栗旬の人気が沸騰していた時期で、立ち見でぎっしり埋まった劇場に熱気が充満した。上演時には戯曲の翻訳本が手に入りにくく、若い女性が古書店に押し寄せたというエピソードもある。

宮殿の装置は鏡張りで、カラフルなネオン管が光る。このポップな空間を、主人公は醒めた知性で暴走し、破滅してゆく。小栗のスケールの大きな、緊張感のある演技が鮮烈だった。知性で皇帝に対峙するケレア（長谷川博己）、共感を寄せるシピオン（勝地涼）、奴隷出身の忠臣エリコン（横田栄司）、年上の愛人セゾニア（若村麻由美）も、それぞれの魅力を発揮した。

14年には異なる演出で、さいたまネクスト・シアター『2014年・蒼白の少年少女たちによる「カリギュラ」』を上演。内田健司が、抑制の利いた演技で、透明感のある異形の皇帝を造形した。

# コースト・オブ・ユートピア

## ユートピアの岸へ

作◎トム・ストッパード
初演出◎2009年

ロシア革命期前夜を生きる知識層の群像劇。左からゲルツェン（阿部寛）、ベリンスキー（池内博之）、バクーニン（勝村政信）、ナタリー（水野美紀）。2009年9月、シアターコクーンにて。

19世紀ロシアの知識人たちの群像を、「船出」「難破」「漂着」の3部構成で描く。作者はトム・ストッパード（ロンドン初演は2002年）。Bunkamura20周年記念のシアターコクーン公演は、3部通しで10時間を超えた。登場人物も膨大で、約40人の出演者の多くが一人何役も兼ねた。

1833年から68年までの帝政ロシアとヨーロッパ各地を舞台に、思想家ゲルツェン、無政府主義者バクーニン、批評家ベリンスキー、詩人オガリョーフ、作家ツルゲーネフらの友情と相克をつづる。社会変革の理想に燃える彼らの思想と同時に、女性関係や家族の葛藤なども語られる。

日本の観客には、登場人物はなじみが薄く、論争する場面も多い。やさしい作品ではない。だが、蜷川は、派手な視覚効果を使わず、2方向から客席に挟まれた長方形の空間で、言葉と演技だけで勝負した。

主役格ゲルツェンの阿部寛は、ユートピアはどこにもないことを自覚しながら、それでも「前へ進む」と語り、深い感動をもたらした。柔軟な表現で舞台を弾ませた勝村政信のバクーニン、陰影深い池内博之のベリンスキーなど多彩な個性が共鳴し、壮大な交響曲のような舞台になった。

# 世界の「知性」と向き合って

多作な蜷川だが、シェイクスピアとギリシャ悲劇をのぞけば、海外の戯曲に取り組んだ数は、約20本とあまり多くない。複数演出しているのは、アントン・チェーホフとテネシー・ウィリアムズだけだ。このふたりについては、後で述べることにして、まず手掛けた作品を概観してみよう。

　書かれた時代は16世紀から21世紀までと幅広いが、どれも知的な名作だ。蜷川は新劇の〝教養主義〟に反発してきたが、最近は時折、「俺たち、教養を攻撃し過ぎたかもしれないなあ」とつぶやいている。

　正確に言えば、蜷川が嫌悪感を募らせてきたのは、西洋発の「教養」を借り着のまま身につけて満足する態度だ。教養や知性への敬意は深い。だから、スタンダードといえる古典や名作を知らなくても恥ずかしくない空気が広がっていることを憂う。作品選びには、若い俳優やそのファンに「教養」や、古今東西の「知性」に触れてほしいとの思いがにじんでいる。

　魅力的な俳優たちが主演してきた。アヌイ『ひばり』のジャンヌ・ダルクを松たか子、『カリギュラ』を小栗旬、クリストファー・マーロウ『ファウストの悲劇』のファウスト博士を野村萬斎、『コースト・オブ・ユートピア』のゲルツェンを阿部寛、クリストファー・ハンプトン『皆既食』の詩人ランボーとヴェルレーヌを岡田将生と生瀬勝久。

　主人公のいる劇とは対照的に、２００５年に上演したアーノルド・ウェスカー『ＫＩＴＣＨＥＮ』はレストランの調理場で働く33人の群像劇だった。英国での初演は１９５９年。蜷川は当時、英国で生まれた「怒れる若者たち」の演劇に大いに共感したという。

　シアターコクーンを改装し、大きな調理場のセットを客席が取り囲む。自分の席からは見えない所でもドラマは起きている。俳優らはみな、調理師学校で料理を学んでから稽古に入った。忙しく働く若者たちの閉塞が、そのリアルな調理の演技（戯曲に指定されている通り、動作だけで表現）から迫ってきた。

## 血を鎮めるチェーホフ

「シェイクスピアは好きだけれど、そればかり演出していると血が荒れてくるんだよ。そんな時、無性にチェーホフがやりたくなる。荒れた血を鎮めるために」

　久しぶりにチェーホフに取り組む蜷川が、そう言うのを聞いた。かつて東

『コースト・オブ・ユートピア』（2009年、シアターコクーン）の千秋楽カーテンコールより。中央は作者のトム・ストッパードと蜷川。

京・渋谷にあった「STUDIOコクーン」で、99年の早春。寒い日だったと記憶する。

19世紀末から20世紀初頭にかけて活躍したロシアの劇作家チェーホフの戯曲を蜷川は『三人姉妹』を3回、『かもめ』『桜の園』を1回ずつ演出した。

2003年の『桜の園』上演に寄せて、蜷川はこう書いている。

「チェーホフの世界は四重奏のようだ。ひとつの音、ひとつのメッセージではなく、さまざまな音が緻密かつ繊細に入り込み、見事に調和している」

いつもはオーケストラを指揮している演出家が奏でる室内楽。情熱を鋭く表す宮本裕子のニーナ（かもめ）、あでやかな原田美枝子のマーシャ（三人姉妹）、優雅な麻実れいのラネーフスカヤ（桜の園）らが、細やかな感情のつづれ織りを見せた。

蜷川はこうも話していた。

「戯曲の中に自分を託せる人物がいると、演出できる、と思える。『ワーニャ伯父さん』にはそれが見つからないので、やる気がおきないんだ」

『三人姉妹』では末娘に求婚し、決闘で死ぬトゥーゼンバフ、『かもめ』のトレープレフ、『桜の園』の大学生トロフィーモフ。いずれも髙橋洋が演じた、世界への違和感を抱える知的な若者たちだ。彼らは、年齢を重ねてもなお、蜷川にとって精神的自画像なのだろう。

## ガラスのローラ

20世紀アメリカを代表する劇作家テネシー・ウィリアムズ。蜷川は代表作『欲望という名の電車』と、さいたまネクスト・シアターでいくつかの一幕劇を演出している。

清水邦夫の『明日そこに花を挿そうよ』について話している時、蜷川はウィリアムズ作品への連想に触れた。病弱なヒロインに『ガラスの動物園』のローラの面影が重なるという。

語り手トムの追憶の中にいる姉ローラは脚が不自由で内向的。同じ高校だったジムへの憧れも打ち砕かれる。そんなローラに蜷川は強くひかれているという。

「なぜひかれるのだろう？ 壊れる夢……かな。演出したいですよ。難しいけれど、ぜひ」

インタビュー

# 大竹しのぶ

# 「崇高さ」のために闘う

**蜷川作品に初めて出演したのは、1999年の『パンドラの鐘』だった**

出演のお話はずいぶん前から何度もあったのですが、いつもスケジュールが合わず、叶いませんでした。それこそ20年越しの出会いでした。『パンドラの鐘』は野田秀樹さんの戯曲なので、稽古で野田さん演出のように動きながらせりふを言ったら、「なんで動くの？」と言われ衝撃的でした。それが最初の印象です。

蜷川さんの稽古場は、初めから衣装も装置も出来ていて、すごく驚きました。稽古も毎日、本番のようなテンションの高さ。あんな稽古場は他には絶対にないですね。

「ジャズのセッションだよ」と言われたこともあります。『メディア』で、主人公が自分の境遇を訴える場面は1回台本を読んだら、いきなり立ち稽古になり、「もっと驚かせて」と言われた。まだ1回目なのに、と思ったのですが、「普通の女優はそれでいいかもしれないけれど、普通じゃないんだから、もっと驚かしてくれないと」って、ある意味厳しいですよね。演技プランの事前の話し合いはまったくなし。私自身もとりあえずやってみて、稽古場で生まれてくるものを形にする方が楽しいので、蜷川さんのやり方は大好きです。

大変なのはスタッフの皆さん。例えば『マクベス』で、レディ・マクベスが正気を失った場面の動きは決まっていませんでした。スタッフは毎日、勝手に動き回る私の衣装の裾に、床に置かれたろうそくの火がつかないよう、細心の配慮をしてくれていた。その信頼関係があるから、自由に演じられました。とにかく、蜷川さんが求めるものは何でも用意してしまう、すごいスタッフたちです。

**蜷川は、何かと「闘う」時に、大竹を起用する。作者の野田と「演出バトル」をした『パンドラの鐘』に始まり、自らの代表作に新演出で挑んだ『メディア』**

蜷川が新たな演出に挑んだ2001年3月の『マクベス』より。レディ・マクベスを情緒豊かに演じる。彩の国さいたま芸術劇場大ホールにて。翌年にはニューヨークBAMハワード・ギルマン・オペラハウスでも公演。

## 『マクベス』『身毒丸』……

そう言われると嬉しいですが、前の舞台に勝とうということは、全く考えませんでした。あったのは戯曲と向き合う気持ちだけ。特に『マクベス』は初めてのシェイクスピア戯曲だったので、せりふを言う幸福感に満たされていました。何百通りもやり方がある。みんながシェイクスピアをやりたいという気持ちがすごく良く分かりました。

ニューヨークでの『マクベス』が初めての海外公演。知らない人の前でお芝居するって、こんなに自由なんだ、と嬉しくて、嬉しくて。東京より百倍上手になったような気がした。蜷川さんは「常に世界と勝負したい」「客観的なところに自分を置くようにしている」と話してくれる。私が感じたことは、そういう考えとつながっているのだと思います。

蜷川さんは、たった1行のせりふや一瞬の場面でテーマを表現する。そこがすごい。ひらめきの鋭さは天才的です。例えば、『リチャード二世』で、車椅子のお年寄りと若者がタンゴを踊るなんて、他に誰が思いつきます？

ロンドンでも公演した『シンベリン』は、3・11後の作品でした。蜷川さんは、波の音を流し、戦闘場面で子供の泣き声を聴かせた。終幕には「奇跡の一本松」の装置を出した。最初は私、テーマと違うんじゃないか、日本の現実を見せたいみたいな感じがして、どうなんだろうと正直感じたんです。でも舞台が出来てみて分かりました。災害は東北だけじゃなくて、世界中で起きている。愚かな人間はまだ、あちこちで戦争をしている。蜷川さんはそれを見せたかったのだということが。視点がすごく高い所にあるから、広い世界が見えているんですね。

ギリシャに行って、紀元前4世紀の古代劇場を見ました。そこは病院でもあり、治療のために、医師は患者に悲劇や喜劇を見ることを指示したそうです。蜷川さんがしてきたのも、人の身体にエネルギーを駆け巡らせ、生命を受け渡す仕事なんだなと思いました。

蜷川さんの舞台にはいつも、「崇高さ」があります。もともとそういう要素がある古典劇だけではなく、どんな戯曲を演出しても必ず、「崇高さ」に行き着く。幼くて分かりやすい表現が幅を利かせる風潮の中で、それとは違うものを提示し続けるために、闘ってきた人。激しさとともに、演劇に対する純粋さを感じます。いつも思うのは、その期待に応えたいということです。

メディア（大竹）、夫のイアソン（生瀬勝久・右）とコロスの女性たち。水が張られた舞台で。2005年5月、シアターコクーンにて上演の『メディア』より。

Profile

おおたけ・しのぶ　1957年生。75年に映画「青春の門　―筑豊編―」で本格デビュー。舞台、映像で活躍する。蜷川とは99年に『パンドラの鐘』で初顔合わせ。この公演は、野田秀樹の戯曲を、東京都内の二つの劇場で同時期に、蜷川と野田それぞれの演出で上演する「演出バトル」でも話題を集めた。以後、2001年『マクベス』、02年『欲望という名の電車』、03年『エレクトラ』、05年『メディア』、10年『ヘンリー六世』、11年『身毒丸』、12年『シンベリン』と『日の浦姫物語』、14年『火のようにさみしい姉がいて』に出演している。

# 俳優

## 松たか子《まつ・たかこ》

1977年生

『ひばり』(2007年)
ジャンヌ・ダルク

16歳の時に歌舞伎座『人情噺文七元結』で初舞台。父の松本幸四郎が主演するミュージカル『ラ・マンチャの男』や、NHK大河ドラマ『花の乱』などで注目された。蜷川演出では1995、98年の真田広之主演『ハムレット』でオフィーリアを2度演じた。口跡がよく、動きが俊敏。運命に流される薄幸の美少女ではなく、まっすぐな意志を感じさせるオフィーリアで、ロンドンの舞台にも立った。

この美質は、2007年の『ひばり』でも発揮された。15世紀、英仏の百年戦争末期に、天使らの「声」を聞き、軍隊を率いて英国軍を退けたジャンヌ・ダルク。王太子を戴冠させたが、後に捕らえられ異端者として裁かれる。蜷川が用意したのは、出演者がぐるりと囲んで見つめる、ボクシングのリングのような舞台。その中で、孤立を恐れず、卑俗な世界と闘うヒロインを清々しく体現した。

## 成宮寛貴《なりみや・ひろき》

1982年生

『KITCHEN』(2005年)
ペーター

17歳で舞台デビューし、映画、ドラマを中心に活躍している。

初めて蜷川作品に出演したのは、市村正親主演『ハムレット』のフォーティンブラス。オートバイで乗り付け、生き残った人々を射殺するパンクなノルウェー王子だった。オールメール・シェイクスピアの第1弾『お気に召すまま』ではヒロイン、前公爵の娘ロザリンドに挑んだ。男装してギャニミードと名乗り、ロザリンドを恋するオーランドー(小栗旬が演じた)と〝男同士〟で語り合う場面が楽しく、ふたりが結ばれる幕切れでは、劇場に幸福感があふれた。

現代演劇の古典ともいえる『KITCHEN』では、戦場のようなレストランの調理場で働くドイツ人のコック、ペーター。社会的抑圧と恋愛などの苦悩が体の中に充満し、激しい爆発を起こす「怒れる若者」を、現実味のある演技で見せた。SF風の『太陽2068』では、反目する二つの世界をつなごうとする若者を演じた。対立を乗りこえようとするその姿が、明朗でさわやかだった。

## 小栗旬《おぐり・しゅん》

1982年生

『カリギュラ』(2007年)
カリギュラ

長身の恵まれた容姿で、映画、ドラマでの活躍がめざましい。蜷川作品には藤原竜也主演『ハムレット』のフォーティンブラスで初登場。シェイクスピアでは『お気に召すまま』のオーランドーをさわやかに、『間違いの喜劇』では双子の兄弟の二役を巧みに演じた。

英国公演もした『タイタス・アンドロニカス』では一転、悪巧みにたけた女王の愛人エアロン。黒い肌の青年の憎悪と悲しみに官能的な魅力を加えた。『カリギュラ』では、この世の不条理を感じ、醒めた狂気で世界も自分も壊す若き皇帝を鮮烈に演じた。『ムサシ』初演では、りりしさと可愛げのある佐々木小次郎を好演した。

2009年9月、『コースト・オブ・ユートピア』
よりカーテンコールの様子。

3

2

1

# アイドル

蜷川の舞台にはよく、きらきらと光を放つ若いスターが登場する。「アイドル」と呼ばれる人たちだ。はじまりは1975年『唐版 滝の白糸』の沢田研二。ジュリーの愛称で日本中を熱狂させた「王子様」だ。

アイドル主演の舞台には、「集客が目当て」という批判がついて回る。確かに彼らの舞台にはファンの女性たちが詰めかける。商業演劇ではそれも大事な要素ではある。

だが、蜷川は、アイドルという存在を積極的にとらえている。何百万、何千万という人々の憧憬の視線を受けとめながら、人気という不確かなものの上に立っていることを自覚して世界や人間を見ている彼らが、優れた表現者になるのは当たり前だ、と。だから、作品が成功すると、観客も巻き込んだ化学反応が起きる。これを翻訳家・評論家の松岡和子は「蜷川さんはアイドルを見に来たファンに、芝居を見せて帰す」と表現している。

80年代の終わりからは、ジャニーズ事務所の若者たちとの仕事が増えた。これは彼らが歌や映画、ドラマだけでなく、舞台俳優も目

1『唐版 滝の白糸』(1989年、岡本健一出演) 2『盲導犬』(1989年、木村拓哉出演) 3『ペール・ギュント』(1990年、岡本健一/高橋和也〈当時・一也〉出演) 4『魔女の宅急便』(1996年、坂本昌行/長野博出演) 5『エレクトラ』(2003年、岡田准一出演) 6『タイタス・アンドロニカス』(2004年、岡本健一出演) 7『シブヤから遠く離れて』(2004年、二宮和也出演)

7

6

5

4

8

9

10

11

指す流れと重なり、加速している。

89年に演出した唐十郎の2作品では、『唐版　滝の白糸』のアリダを岡本健一が、『盲導犬』のフーテン少年を木村拓哉が演じた。翌年はイプセン作『ペール・ギュント』に高橋和也（当時・一也）と岡本がダブルキャストで主演。心やさしい恋人を置いて、冒険と放浪の旅に出るペールの物語を、若者たちが遊ぶゲームセンターのシミュレーションゲームという「劇中劇」にする演出だった。93年からキャストを変えて何度か上演されたミュージカル『魔女の宅急便』（横内謙介脚本）には坂本昌行、長野博らが出演している。

古典では03年のギリシャ悲劇『エレクトラ』に岡田准一、04年のシェイクスピア『タイタス・アンドロニカス』に岡本が出演。岩松了作『シブヤから遠く離れて』に出た二宮和也は、蜷川が監督した映画『青の炎』（03年）にも主演した。06年、野田秀樹作『白夜の女騎士《ワルキューレ》』の主役「空飛びサスケ」は松本潤。08年『さらば、わが愛　覇王別姫』では東山紀之が京劇俳優を演じた。東山は生田斗真とともに『ミシマダブル』で女性役と男性役を日替わりで演じている。

寺山修司作品は、『血は立ったまま眠っている』森田剛、『あゝ、荒野』松本、『青い種子は太陽のなかにある』亀梨和也が主演。新作劇では『祈りと怪物』に森田、『冬眠する熊に添い寝してごらん』に上田竜也が出演した。

8『白夜の女騎士』(2006年、松本潤出演)　9『さらば、わが愛　覇王別姫』(2008年、東山紀之出演)　10『血は立ったまま眠っている』(2010年、森田剛出演)　11『ミシマダブル　サド侯爵夫人／わが友ヒットラー』(2011年、東山紀之・生田斗真出演)　12『あゝ、荒野』(2011年、松本潤出演)　13『祈りと怪物　ウィルヴィルの三姉妹』(2013年、森田剛出演)　14『冬眠する熊に添い寝してごらん』(2014年、上田竜也出演)　15『青い種子は太陽のなかにある』(2015年、亀梨和也出演)

＊『ペール・ギュント』はプログラム、他は公演ちらしより

12

13

14

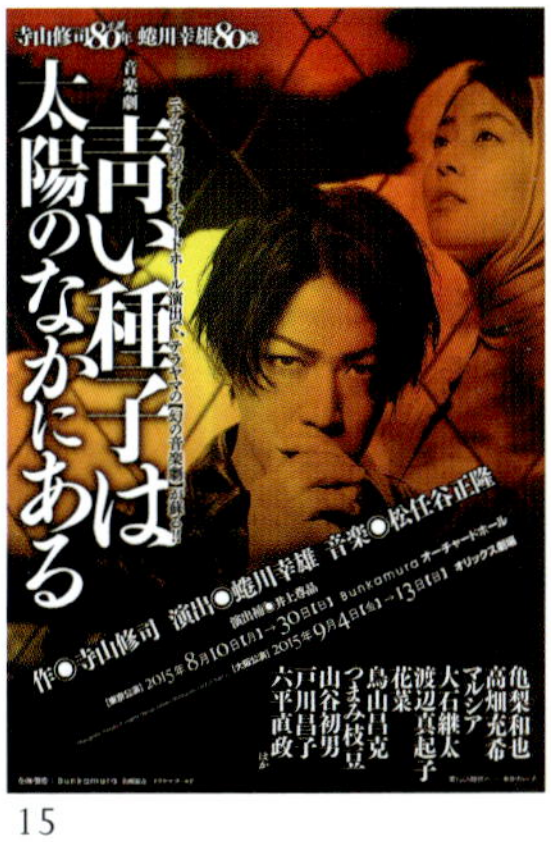


15

『リチャード二世』より、ゴールド・シアターとネクスト・シアターのメンバーがタンゴを踊る圧巻のシーン。2015年、彩の国さいたま芸術劇場インサイド・シアターにて。

蜷川幸雄の仕事

6

# さいたまの冒険
## ゴールドとネクスト

彩の国さいたま芸術劇場は演出家・蜷川の「家」だ。ここでは、壮大な「シェイクスピア・マラソン」を走りながら、高齢者・若者たちと一緒に、まだ見たことのない世界を求めて、挑戦を続けている。

# 船上のピクニック

作◎岩松了
初演◎2007年

2007年6月のさいたまゴールド・シアター旗揚げ公演より。客船の甲板が舞台となり、三方を客席が囲む。美術は安津満美子、照明は岩品武顕、音響は市川悟。

さいたまゴールド・シアターの第1回公演。81歳から56歳まで（当時）の44人が出演した。岩松了は劇団員との対話を踏まえて、この戯曲を書き下ろした。

舞台は、外国に向けて航海する客船。乗っているのはホテルグループで人員整理にあった中高年の従業員たちで、新しい職場となるアジアのリゾート地に向かっている。

夕方、甲板でパーティーが開かれる。雇い主のホテル経営者が、40年前に父親の反対で別れた女性と結婚するお祝いだ。そこへ漂流していた難民の一団が救助され、乗り込んでくる。言葉の通じない人々の出現に、船内の緊張は高まってゆく。

現代日本の暗喩にも思えるこの船は、本当はどこへ向かっているのか。不安がしのび寄り、死の気配も立ち上る。

年齢を重ねた人たちが新天地を目指す希望と不安、気負い、同僚同士の共感と反目などが、抑えた調子で細やかに描かれ、濃密な感情が渦巻く。それは、人生の後半で演劇という新たな世界に挑もうとしている劇団員の現実の姿にも重なって見えた。蜷川は派手な演出手法を使わず、人々の内面と人間関係を繊細に表現した。

2014年11月、フェスティバル/トーキョーでの上演（にしすがも創造舎）より。老優たちによる白熱の舞台はこの後香港とパリへ巡演。

# 鴉よ、おれたちは弾丸《たま》をこめる

作◎清水邦夫
初演◎1971年
ゴールド・シアター版初演◎2013年

現代人劇場がアートシアター新宿文化で初演した戯曲が、40年を経て、「ゴールド」の代表作になった。13年に初めて公演。2度のパリ公演、香港公演でも絶賛された。2006年の試演を経て、13年に初めて公演。

チャリティーショーに手製爆弾を投げたふたりの青年が裁かれている法廷を老婆たちが占拠する。裁判官、検事、弁護士らに死刑を宣告。さらに、「期待にこたえなかった」と孫である青年たちにも死刑を言い渡す。警察の攻撃で崩れる法廷。老婆たちは倒れるが、若者の姿になって立ち上がる。そこへ警察が銃弾を浴びせる。

初演では緑魔子、真山知子ら若い男女優が演じた、鴉婆、虎婆、はげ婆、とむらい婆、ばくだん婆といった老婆を、「ゴールド」では、高齢女優が演じた。傘や箒で「武装」はしているが、法廷占拠の一番の「武器」は日常の身振り。ござを敷いて座り込み、食事の支度を始めたり、洗濯物を干したりという生活のリアリティーで、権力の場をみるみる乗っ取ってしまう。

被告の青年と幕切れの若者たちは「ネクスト」メンバーが演じた。一瞬にして老婆から若者へ転生する場面は、実に鮮やかだった。

さいたまネクスト・シアターの第2回公演。大杉栄（松田慎也・左）、伊藤野枝（深谷美歩・右）。2010年12月、彩の国さいたま芸術劇場インサイド・シアターにて。

# 美しきものの伝説

作◎宮本研
初演出◎2010年

大正期、社会と芸術の変革、そして恋に命を燃やした人々を描いた名作。文学座が1968年に初演した。上演される機会の多い戯曲だが、登場人物と若い俳優らの情熱が重なり合った「ネクスト」の舞台は、出色の出来ばえだった。

冒頭、20余の発光する水槽を、現代の若者たちが押して登場する。中には老いた男女が横たわっている。それは、直前に起きた大逆事件で処刑された人々の棺のよう。新しい時代を生み出す母の胎内にも見える。水槽が放つ幻想的な光の中から伊藤野枝が現れる。「伝説」の美しい幕開けだ。

大逆事件の直後から始まり、大杉栄と伊藤野枝らが殺された関東大震災の直前で終わるこの劇には、権力の抑圧の中で、自由と革命を夢見た、大杉栄、荒畑寒村、平塚らいてう、神近市子、中山晋平、沢田正二郎、久保栄、辻潤ら、多彩な実在人物が登場する。野枝以外は、クロポトキン＝大杉といった具合に、愛称が役名になっている。

堺利彦ら年長者の役に、一部プロの俳優の力を借りながら、平均26歳（当時）のネクストの劇団員たちは、まっすぐに役とぶつかった。時代や社会と懸命に切り結ぶ登場人物たちを鮮明に描き、輝く群像が立ち上がった。

# リチャード二世

作◎ウィリアム・シェイクスピア
初演出◎2015年

2015年4月に彩の国さいたま芸術劇場インサイド・シアターで上演。車椅子に座るリチャード二世を演じるのは内田健司。「彩の国シェイクスピア・シリーズ」第30弾。

わずか10歳で即位したイングランド王リチャード二世が、いとこのヘンリー・ボリングブルック(後のヘンリー四世)に王位を奪われ、暗殺されるまでを描いたシェイクスピアの歴史劇。『ヘンリー四世 1部・2部』『ヘンリー五世』へと続く、四部作の発端である。

王リチャードは、ボリングブルックに、突然、追放を言いわたす。病床から、専横をいさめるボリングブルックの父である叔父の言葉にも耳を貸さず、その死後、財産を没収してしまう。それを取り返すためにボリングブルックは挙兵。援軍を得たうえ、リチャードの圧政に不満を募らせる民衆も味方につける。追い詰められたリチャードは王冠を譲り、妃イザベルと別れて幽閉の身に。そこで自分自身と向き合い、思索にふける。

シェイクスピアはこの劇を韻文で書いた。だが、経験の浅い、ネクスト&ゴールド・シアターでの上演で、せりふの朗唱は難しい。蜷川は、詩的なせりふ回しは「無理だと諦め」、代わりに、様々な視覚的な工夫を取り入れた。車椅子、タンゴ、一瞬で変わる衣装、波布、空を飛ぶ王冠……。それらが生む鮮やかなイメージが、若き王の悲劇と権力をめぐる闘争をくっきりと浮かび上がらせた。

「彩の国さいたま芸術劇場」には二つの劇団がある。高齢者の「さいたまゴールド・シアター」と、若者たちの「さいたまネクスト・シアター」だ。

芸術監督の蜷川幸雄が、公共劇場でなければ出来ない活動として、力を入れている。稽古や公演では、平均年齢75歳を超える「ゴールド」団員に、20代中心の「ネクスト」メンバーが手を貸し、助け合っている。

2015年4月の『リチャード二世』は、両劇団の合同公演だった。

冒頭、大ホールのステージ上に造った、三方を客席が囲む特設舞台の奥から、30台以上の車椅子が現れた。老いた男女を乗せ、若い男女が押す。全員が和服の礼装。まるで旧家の盛大な結婚式に一族が集まったような和やかな光景だ。と、突然、タンゴのメロディーが湧き上がる。老人たちは立ち上がり、若者と腕や脚を絡ませて踊り出す。官能の匂いが立ち上るフロア。ひしめく人々の中央がすうっと割れ、電動車椅子に乗って、イングランド王リチャードが現れる。

## 豊かな視覚的イメージで描く王の悲劇

歌舞伎の「波布」の海をさまようリチャード二世(内田健司)。2015年4月、彩の国さいたま芸術劇場インサイド・シアターにて。

美しく、鮮烈な開幕場面で蜷川は、この史劇の構図を明解に示す。

劇の中で争うのは、みな親戚同士。リチャードから王位を奪うのは、いとこのボリングブルック（後のヘンリー四世）だ。

手を結ぶいとこたちが踊る、男同士のタンゴ、そして接吻。反乱軍は筵旗を掲げ、農具で武装する。リチャードの王位を揺さぶる状況の変化は、床を覆う「波布」で表され、半裸のリチャードがその中を苦しみながら歩む。王位が移る時には王冠が宙を飛び、王位を失ったリチャードは、床に描かれた光の十字の上に裸で横たわる。まるでキリストの磔刑のように。

次々と繰り出される、豊かな視覚的イメージによって、蜷川は、若く美しい王の悲劇をスケール大きく描きだした。

幼くして王位に就き、傲慢、そして孤高の存在だったリチャードは、後半で深い内省に至る。内田健司はその変化を知的に演じた。ひ弱さの中に、細いが極めて強い芯が通っている不思議な魅力がある。ボリングブルックの野心を艶のある演技で見せた竪山隼太、本物のお年寄りに交じって、老け役でリチャードの叔父を演じ健闘した松田慎也ら、「ネクスト」の若者たちが成長を示した公演でもあった。

# シェイクスピアと二つの劇団

故郷である埼玉県の県立施設「彩の国さいたま芸術劇場」で、蜷川は芸術監督を務めている。他の劇場で上演する作品もここの稽古場で作ることが多い。蜷川は一年中、この劇場に通う。

## シェイクスピアの劇場へ

1994年開館のこの劇場は、大、小、音楽、映像と4つのホールを持ち、公共劇場の中でも充実した設備を誇る。初代の芸術監督は作曲家の諸井誠で、音楽やダンスがプログラムの中心だった。蜷川は95年の『身毒丸』初演で、初登場した。

97年、劇場の事業として、シェイクスピアの全37戯曲を上演する「彩の国シェイクスピア・シリーズ」の企画が発表され、蜷川はシリーズの芸術監督になった。ただ当初は、全てを蜷川が演出するのは難しいと思われ、映画なども織り交ぜて、ゆるやかに「完走」を目指す計画だった。だが、ふたを開けると、観客の熱い支持と蜷川の意欲が企画を引っ張り、結果として、全作演出を目指すマラソン事業になった。

第1弾は98年1月開幕の『ロミオとジュリエット』。小ホールでの『十二夜』、幕開けに本物そっくりの馬が降る演出で観客を驚かせた『リチャード三世』、英国ロイヤル・シェイクスピア・カンパニーとの合作『リア王』、かつての名演出を踏まえた『夏の夜の夢』と『テンペスト』、新演出『マクベス』、小ホールで市村正親が主演し、篠原涼子がオフィーリアを演じた贅沢な『ハムレット』と続く。

『ペリクリーズ』の上演は03年だった。離ればなれになった家族が、数奇な運命を経て再会する物語だ。これを蜷川は、戦火に追われた難民たちが演じる芝居、として演出した。現実離れしたハッピーエンドを、過酷な日常を生きる人々の切実な希望として示そうとしたのだ。

これは同年3〜4月にロンドンのナショナル・シアターでも上演された。この時、英国は戦争をしていた。01年9月の同時多発テロへの報復として、アメリカがアフガニスタンに侵攻し、英国も参戦。現実の戦争のさなかに、この演出がどう受け取られるのか、不安もささやかれた。だが、新聞各紙の劇評は絶賛。蜷川の思いは戦時を生きるロンドンの人々の心にも深く届いた。

## オールメールが大ヒット

04年1月の『タイタス・アンドロニカス』までは、蜷川得意の悲劇や、よ

ゴールド・シアター第3回公演『アンドゥ家の一夜』より。2009年6月、彩の国さいたま芸術劇場小ホールにて。

く知られた演目が大半だったが、この先は、現代の感覚とは少しずれた喜劇も取り上げなくてはならない。

そこで考えたのが、全ての役を男優が演じる「オールメール」のシリーズだ。シェイクスピアの時代は女性の役は少年俳優が演じていたのだから、原点に戻った手法である。蜷川は「都心と違って、便利ではない場所にある劇場まで足を運んでもらうには、あの手この手の工夫が必要。男の子が演じるきれいな女性役を見る『芸能』の楽しさも、その一つ」とも言っていた。

成宮寛貴主演の『お気に召すまま』で始まったこのシリーズは、たちまち人気企画となった。男性が演じることで、女性にとって不愉快な話も、笑って見られる効果も生んだ。オールメールはすっかり「彩の国シェイクスピア」の名物になっている。

## 「ゴールド・シアター」の発足

2006年1月、蜷川は劇場の芸術監督に就任した。全体を統括する立場になり、まず打ち出したのが、演劇経験のない55歳以上の人たちを集めて劇団を作る構想だ。老後の楽しみではなく、プロを目指す。この呼びかけに、予想をはるかに超えた1200人もが応募した。家庭や地域に潜んでいた高齢者たちの表現への欲望があらわになり、劇団は誕生する前から社会的な「事件」となった。

蜷川が「さいたまゴールド・シアター」と名付けた高齢者劇団は06年4月に発足した。

せりふが覚えられない。覚えても出てこない。今日できたことが明日できるとは限らない。自身や家族のけがや病気……。劇団は、様々な困難を抱えながら前に進む。

演目はあえて、現代作家の書き下ろしに挑戦した。台本の完成が遅れた第3回公演『アンドゥ家の一夜』では、本番でも舞台の四隅にプロンプター（せりふに詰まった俳優に続きを教える人）が待機し、蜷川もプロンプターの一人として「出演」した。これを演出の一つとして見せることができるのが、

「ゴールド」の強みである。

## 蒼白の「ネクスト」たち

「ゴールド」が軌道にのってきた09年、蜷川は、「無名の若者にチャンスを与えるのも公共劇場の役割」と「さいたまネクスト・シアター」を旗揚げした。最初の公演は福田善之作『真田風雲録』。だが、平均25歳の団員たちの演技は、1960年代の名作戯曲の熱さに追いつかない。蜷川は舞台に泥を入れて田んぼのようにし、身体に負荷をかけることで若者たちのエネルギーを引き出した。第2回公演は『美しきものの伝説』。その後『ハムレット』など西洋古典に取り組んでいく。

「ネクスト」の公演には、『ハムレット』からタイトルに「蒼白の少年少女たちによる」という枕詞がつくようになった。

団員たちは、やせた身体で、声が小さく、意志も情熱も、あまり表に出さない。蜷川は当初、「割り箸！　鉛筆！」と挑発していたが、次第に彼らの中に新しい俳優像を見いだしていく。孤立し、生きる手応えをさがしあぐねて、繊細に震える精神を表現する時、彼らは輝きを放つ。そこから古典が現代の物語として立ち上がった。

「ゴールド」との合同公演『リチャード二世』は、「彩の国シェイクスピア」の第30弾と位置づけられた。このシリーズで初めて、有名俳優が出演しない、さいたまメンバーだけの舞台だ。

日常も含めて、「ゴールド」団員を「ネクスト」メンバーが介助したり、若者を豊かな経験を持つ人生の先輩が見守ったりという関係も出来てきた。「大きな家族のよう」と蜷川は語る。

身体も精神も老松のようにゴツゴツと手強い「ゴールド」と、つるりとした外見の中に屈折を秘める「ネクスト」。この二つの劇団を両輪に、「彩の国」の蜷川は走り続けている。

劇場が開館20周年を迎えた14年10月15日、大稽古場に蜷川の名前がついた。「NINAGAWA STUDIO」。そのプレートは、演出家の「家」の表札のように、さりげなく入り口にかかっている。

2015年5月、ネクスト・シアターの稽古中の蜷川。

# さいたまゴールド・シアター

中間発表会『Pro-cess ～途上～』（2006年）

年齢を重ねた生活者の心身の「老い」を表現に昇華しようと、2006年に発足した、55歳以上の高齢者劇団。海外からも含めて1200人超の応募があった。蜷川は全員と面接して、55歳から80歳までの48人を選んだ。劇団名はお年寄りを意味する「シルバー」ではなく「ゴールド」にした。中間発表会を重ね、07年に新作『船上のピクニック』で第1回公演。『95kgと97kgのあいだ』『アンドゥ家の一夜』『聖地』『ルート99』『鴉よ、おれたちは弾丸をこめろ』と本公演を重ね、国際演劇祭「フェスティバル/トーキョー」への参加や、2度のパリ公演、香港公演も成功させた。この他、「ザ・ファクトリー」と名付けた実験公演や、ダンス公演も行っている。シアターコクーンなどで蜷川が演出する舞台へ出演する団員も増えている。2015年10月現在のメンバーは64歳から89歳までの39人。

## 劇作家

### 岩松了《いわまつ・りょう》

1952年生

1978年から劇団「東京乾電池」で俳優、劇作、演出で活動し、89年に『布団と達磨』で岸田國士戯曲賞を受賞。その後、劇団を離れ、自身のプロデュース公演などで新作を発表している。一見凪いだような風景の中に、感情や情念が激しくうごめく作品を数多く書く。『テレビ・デイズ』で97年度読売文学賞。代表作に『月光のつゝしみ』『水の戯れ』などがある。蜷川とは2004年にシアターコクーンで上演された『シブヤから遠く離れて』で初顔合わせ。さいたまゴールド・シアターのために07年『船上のピクニック』と11年『ルート99』を書き下ろした。シアターコクーンなどでスターを

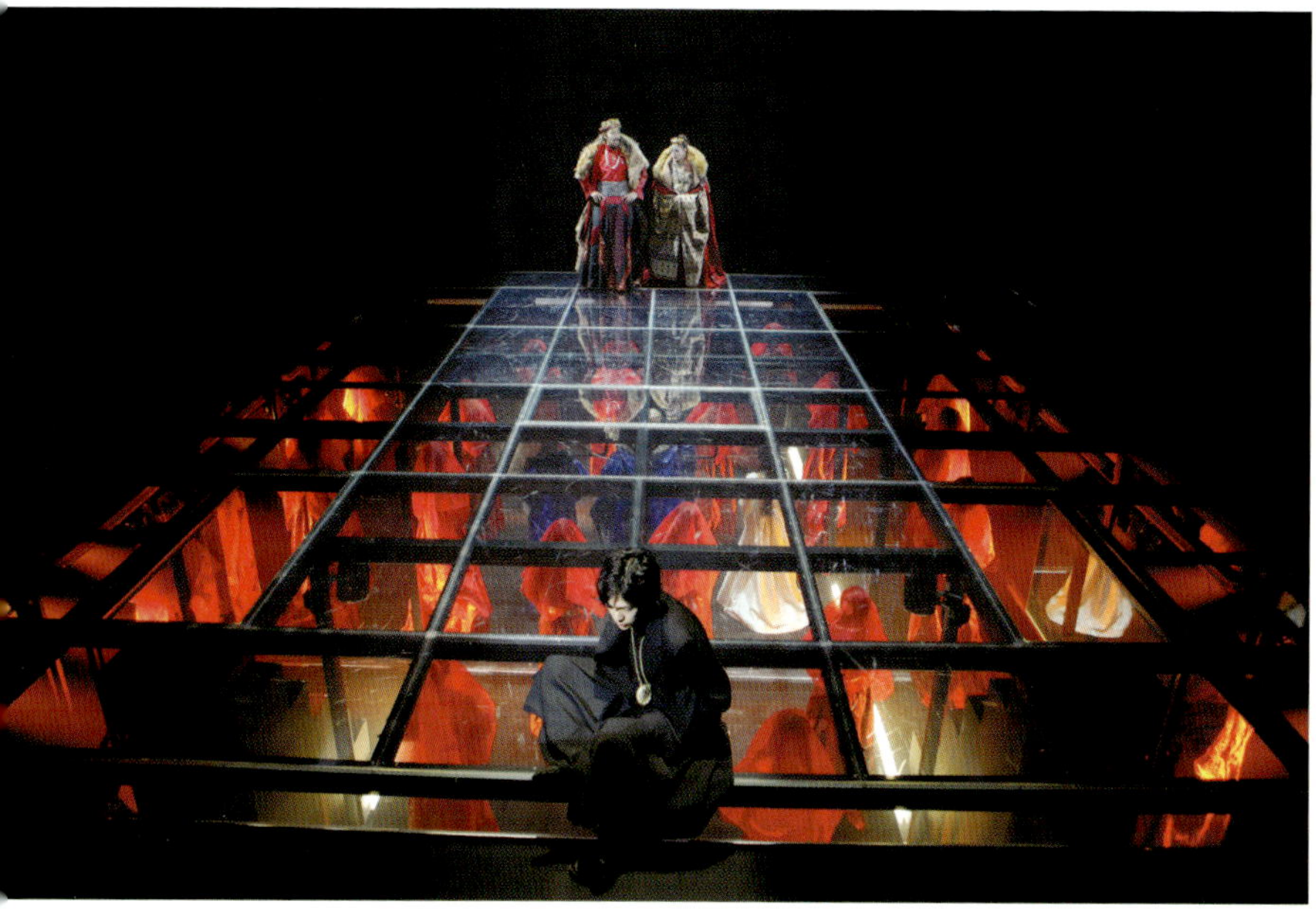

『蒼白の少年少女たちによる「ハムレット」』（2012年）

## さいたまネクスト・シアター

2009年に無名の若者を集めて作った劇団。1225人を15日かけてオーディションし、平均25歳弱の男優27人、女優17人を選んだ。第1回公演は『真田風雲録』。その後、メンバーを約半分に減らし、翌年の『美しきものの伝説』で評価を高めた。さらに新規メンバーも加わり、2012年からは「蒼白の少年少女たちによる」というタイトルをつけた『ハムレット』『オイディプス王』『カリギュラ』と古典劇が続く。15年の6回目の本公演は「彩の国シェイクスピア・シリーズ」第30弾として『リチャード二世』を上演した。本公演はいずれも彩の国さいたま芸術劇場大ホールの舞台上に特設した「インサイド・シアター」で。ほかに廊下や稽古場などを使った、テネシー・ウィリアムズの一幕劇連続上演や『ヴォルフガング・ボルヒェルトの作品からの九章―詩・評論・小説・戯曲より』も。

起用した舞台を作る一方で、若手俳優を集めた小劇場公演も続ける。俳優としても活躍している。

## ケラリーノ・サンドロヴィッチ

けらりーの・さんどろゔぃっち
1963年生

著書が書店の「外国作家コーナー」に間違って置かれることがある日本の劇作・演出家、ミュージシャン。ロックバンド「有頂天」で活躍し、1980年代から演劇活動も開始。演劇ユニット「ナイロン100℃」を主宰。ナンセンスな笑いをベースに、ホラー、シュールな近未来劇、SFなど多彩な舞台を作る。別役実戯曲などの演出でも評価が高い。99年『フローズン・ビーチ』で岸田國士戯曲賞、2002年『室温～夜の音楽～』で鶴屋南北戯曲賞。09年にさいたまゴールド・シアターに『アンドゥ家の一夜』を書き下ろした。12年末から13年にかけて、自作『祈りと怪物』で蜷川と演出バトルをした。

# スタッフ

一目で劇の世界を示して観客を引き込む蜷川演劇にとって、舞台美術は重要だ。戯曲の本質と結びつき、かつ観客を驚かせる大胆な装置は、観客の心の奥底にある記憶を呼び醒ます役割も担う。
『ロミオとジュリエット』の「3層に重なる巨大な土色の壁」以来、いくつもの名作を生んだ朝倉摂。『NINAGAWAマクベス』などの妹尾河童。寺山修司の世界を作った小竹信節。能舞台の老松の前で繰り広げられた『リア王』などの堀尾幸男。双子の物語を歌舞伎では異例の「鏡」を多用して表現した『NINAGAWA十二夜』などの金井勇一郎。そして多くの舞台をともにしている中越司。彼ら舞台美術家が、世界と向き合う蜷川ワールドを作り上げてきた。

## 朝倉摂

あさくら・せつ
1922年生（2014年没）
舞台美術家、画家

父である彫刻家・朝倉文夫の方針で学校へ通わず、家庭で教育を受け、日本画家に。1960年代以降は舞台美術を中心に活動し、大胆な発想を繊細なディテールで見せる名作を生み出した。演出家・蜷川とは、大劇場の第①作『ロミオとジュリエット』からのつきあい。蜷川が「庶民の生活感のスタンダード」と呼ぶ『唐版 滝の白糸』の朽ちかけた長屋や、『下谷万年町物語』の猥雑な下町、『近松心中物語』の色街など日本の風景をスーパーリアルに作る一方、半球形の天空を裂いた『リア王』や『王女メディア』などもデザインした。

## 妹尾河童

せのお・かっぱ
1930年生　舞台美術家、作家

独学で舞台美術家に。蜷川作品では、舞台を仏壇が覆い、壮麗なふすま絵や巨大な桜の木がシェイクスピア悲劇を彩る『NINAGAWAマクベス』や、『ノートルダム・ド・パリ』などを手掛けた。細密なイラスト入りの『河童が覗いた……』シリーズなどのエッセイも人気が高く、自伝的小説『少年H』はベストセラーに。

## 中越司

なかごし・つかさ
1965年生　舞台美術家

子役として『王女メディア』の初演に出演したのが蜷川との出会い。いくつもの作品に出演した後、大学で舞台美術を学ぶ。1987年『虹のバクテリア』で舞台美術を担当して以来、100を超える蜷川作品に参加。彩の国シェイクスピアのほとんどの作品を手掛けている。大作『グリークス』や『コースト・オブ・ユートピア』、風に揺れる竹藪の中に禅寺が現れる『ムサシ』、大きなアクリルの箱に入った装置が動く『海辺のカフカ』なども。『青い種子は太陽のなかにある』の幕開けでは、広いオーチャードホールの舞台一面に、中世の西洋絵画を思わせる活人画が広がり、観客を驚かせた。

## 吉井澄雄

よしい・すみお
1933年生　舞台照明家

学生だった1953年に劇団四季の結成に参加。オペラなども手掛け、国内外の劇場で活躍してきた舞台照明界の重鎮だ。蜷川とは『ロミオとジュリエット』で初めて組み、以後、『王女メディア』『NINAGAWAマクベス』『近松心中物語』『下谷万年町物語』『身毒丸』など、90年代までの作品の大半を担当している。

ある時は闇を切り裂き、ある時は劇場を温かな空気で満たす。照明は舞台に生命を宿らせる。蜷川作品には多くの照明家が参加している。吉井澄雄とは数々の名作をともに作り、原田保も幅広い作品を照らした。勝柴次朗は『ムサシ』『シンベリン』など、服部基は『ミシマダブル』『海辺のカフカ』などを手掛けている。室伏生大は『表裏源内蛙合戦』などを担い、大島祐夫、岩品武顕らも参加している。

舞台衣装は、戯曲に書かれた時代や場所を踏まえながら、時にリアルに、時に現実を超越して、劇中人物を作る。初期から蜷川作品を支えているのは小峰リリー。辻村寿三郎は独自の美意識で人も世界も彩る。前田文子は『オイディプス王』『天保十二年のシェイクスピア』『ひばり』『トロイアの女たち』などで活躍。宮本宣子は『お気に召すまま』『間違いの喜劇』など彩の国シェイクスピアのオールメール・シリーズや、『あゝ、荒野』『シンベリン』『祈りと怪物』『太陽2068』など多彩な作品を手掛けている。

## 辻村寿三郎

（ジュサブロー）

つじむら・じゅさぶろう

1933年生

人形作家、着物デザイナー

妖しく美しい人形の作家としてNHK人形劇『新八犬伝』（1973〜75年）で一躍注目された。蜷川作品では『王女メディア』のアートディレクターを務め、仮面のようなメイクと奇怪な衣装でメディアを造形し、国内はもとより、ギリシャをはじめ海外でも観客の目を奪った。『近松心中物語』では、遊女の人形の遣い手として出演も。安土桃山の武将の世界に置き換えた『NINAGAWAマクベス』ではシェイクスピアの人物を華麗で豪壮な衣装で包み、『元禄港歌』『南北恋物語』『にごり江』では、江戸、明治の風俗を独自の美意識でデザインした。

## 小峰リリー

こみね・りりー

1947年生　舞台衣装家

英国ロイヤル・シェイクスピア・カンパニーで修業して帰国。西洋の伝統を踏まえた造形美と日本人の感性を融合させた衣装で、『ロミオとジュリエット』以来40年以上、蜷川作品を支えてきた。『ハムレット』『夏の夜の夢』などシェイクスピア作品はもちろん、『盲導犬』『パンドラの鐘』『白夜の女騎士《ワルキューレ》』『ムサシ』など日本の戯曲も数多く担当。ギリシャ悲劇の登場人物をアジア的な衣装で包んだ『グリークス』や、ロシアの上流階級の洗練されたファッションが目を楽しませた『コースト・オブ・ユートピア』なども手掛けた。蜷川が英国人俳優らを演出した『ペール・ギュント』『タンゴ・冬の終わりに』『リア王』の衣装も担った。

音楽も蜷川演出の魅力だ。多くの作曲家と共同作業をしている。演歌の猪俣公章は『近松心中物語』『元禄港歌』などを手掛け、森進一、美空ひばりによる劇中歌が観客の心を揺さぶった。甲斐正人（『NINAGAWAマクベス』など）、宮川彬良（『身毒丸』など）、笠松泰洋（『グリークス』など）、東儀秀樹（2002年『オイディプス王』）、朝比奈尚行（『カリギュラ』など）、阿部海太郎（『ヘンリー六世』など）、かみむら周平（『ファウストの悲劇』など）、伊藤ヨタロウ（『道元の冒険』など）、門司肇（『日の浦姫物語』など）ら多彩な音楽家が参加。音楽劇『青い種子は太陽のなかにある』は松任谷正隆が作曲した。

## 宇崎竜童

うざき・りゅうどう

1946年生　歌手、作曲家、俳優

1973年ダウン・タウン・ブギウギ・バンドでデビュー。歌手として、作曲家として、数多くのヒット曲を持つ。俳優としても活躍している。80年代から『にごり江』『テンペスト』『仮名手本忠臣蔵』『夏の夜の夢』『リチャード三世』『パンドラの鐘』など多くの蜷川作品の音楽を担当してきた。音楽劇でもある『天保十二年のシェイクスピア』『藪原検校』や、英国人俳優との『ペール・ギュント』『リア王』も手掛けた。

## 井上尊晶

いのうえ・そんしょう

1970年生　演出補

1987年から、演出助手としてほとんどの作品に参加してきた、蜷川の「片腕」だ。近年は演出補として、海外公演などを任されることも多い。演出家としては2001年にSTUDIOコクーン・プロジェクト『カスパー』でデビュー。『障子の国のティンカーベル』『恐怖時代』『2003・待つ』『新編・吾輩は猫である』やミュージカル『スクルージ』などを手掛けている。さいたまゴールド・シアター『白鳥の歌／楽屋』や、ネクスト・シアターのテネシー・ウィリアムズ一幕劇『財産没収』も演出した。

1

2

3

4

5

6

7

8

# 俳優

櫻社を解散した1974年以降、フリーの演出家として活動してきた蜷川は、1984年に「GEKI-SHA NINAGAWA STUDIO」を作り、若い俳優たちの指導を始めた。スター演出家になっても、集団で演劇に向き合うのが、蜷川の原点なのだ。

本拠は東京・新大橋にあった「ベニサン」。染色会社の紅三が、使わなくなった工場の建物を、演劇人に安く貸し出していた。蜷川の激しい稽古を見た紅三専務の亘理幸造は「あなたは本物だから応援する。専用の稽古場を造ってあげる」と、一室を板張りのスタジオに改装してくれた。

このスタジオと、元はボイラー室だった小劇場「ベニサン・ピット」は重要な創作の拠点となる。「ベニサン・ピット」では、清水邦夫作『NINAGAWA少年少女鼓笛隊による血の婚礼』や『待つ』シリーズなど数々の実験的な作品を上演。初のシェイクスピア喜劇『夏の夜の夢』を蜷川らが出資した自主公演で初演したのも、ここだった。多くの演劇人と観客に愛されたこの小劇場は2009年に閉館した。

俳優集団は「ザ・ヤング・ニナガワ・カンパニー」などと名称を変えながら続き、「さいたまネクスト・シアター」につながってゆく。蜷川は、ここで頭角を現した俳優たちを、他の公演にも積極的に起用してきた。

初期からのメンバーは、実力あるベテランとして蜷川作品に欠かせない存在になっている。演技陣が作る厚みと高い密度が蜷川作品の魅力の一つ。それは、個性ある脇役として、また何役も兼ねるアンサンブルとして、彼ら「蜷川組」の面々が支えている。

## 1 妹尾正文

せのお・まさふみ
1954年生

『真田風雲録』（2009年） 後藤又兵衛

劇団シェイクスピア・シアターを経てニナガワ・カンパニー・ダッシュに参加。貫禄ある風貌で貴族や武将などがよく似合う。『マクベス』『お気に召すまま』『ロミオとジュリエット』などに出演。劇中でギター演奏をすることもある。オールメールの『じゃじゃ馬馴らし』では、道ばたで寝込んだ酔っ払いのスライを演じ、この話が彼をからかうために仕組まれた芝居であるという劇の枠組みを愉快に印象づけた。

## 2 羽子田洋子

はねだ・ようこ
1956年生
『トロイアの女たち』(2012年)
コロス

蜷川作品には、大地を踏みしめて生活する女性たちが、しばしば登場する。代表的なのがギリシャ悲劇のコロス。初参加の1986年『オイディプス王』以来、そうした役どころを担う。『近松心中物語』『メディア』『表裏源内蛙合戦』『雨の夏、三十人のジュリエットが還ってきた』『身毒丸』『ヘンリー六世』『トロイアの女たち』『冬眠する熊に添い寝してごらん』『海辺のカフカ』など幅広い作品に出演している。

## 3 清家栄一

せいけ・えいいち
1957年生
『ハムレット』(2015年)
ギルデンスターン

1976年の『オイディプス王』以来、『血の婚礼』『近代能楽集』『夏の夜の夢』『四谷怪談』など、蜷川作品の大半に参加してきた。「出演回数はたぶん一番多い」と語る。変幻自在の役作りで、『ロミオとジュリエット』のキャピュレット夫人も『ヴェニスの商人』のランスロット・ゴボーも『ハムレット』のギルデンスターンも、自然に劇の中に溶け込んでいる。

## 4 岡田正

おかだ・ただし
1957年生
『ハムレット』(2015年) 重臣

1986年に『タンゴ・冬の終わりに』の「幻の観客」と、『オイディプス王』のコロスで蜷川作品に初参加。『ハムレット』のオズリックなど数多くの役を演じている。女性役での活躍もめざましい。『ロミオとジュリエット』の乳母、『ヴェニスの商人』の侍女ネリッサなど、ちゃめっ気があり、庶民的な知恵と「お嬢様」への愛情たっぷりな役どころを、大きな胸を揺すりながら演じて精彩を放つ。

## 5 飯田邦博

いいだ・くにひろ
1959年生
『美しきものの伝説』(2010年)
堺利彦

1985年『95kgと97kgのあいだ』で蜷川作品初登場。『グリークス』『身毒丸』『桜の園』『シブヤから遠く離れて』『オイディプス王』などに出演。さいたまネクスト・シアターに客演した『美しきものの伝説』の「四分六旦那」こと堺利彦の懐の深さも印象に残る。『ムサシ』は再演から、悪巧みで筆屋乙女の父を死に追いやった敵役の浅川甚兵衛を、いかにも憎々しく演じ、海外公演でも大受けだった。

## 6 塚本幸男

つかもと・ゆきお
1961年生
『海辺のカフカ』(2015年)
がっしりした兵隊

1989年にニナガワ・スタジオに参加し、『NINAGAWAマクベス』で初出演。『近松心中物語』『桜の園』『リチャード三世』『たいこどんどん』『シンベリン』など様々な作品に出演してきた。『ムサシ』では、初演は敵役の浅川甚兵衛。再演からは一転、筆屋の下男で忠義一途の忠助役だった。『海辺のカフカ』では、森をさまよい続ける兵隊を演じて、時間と空間がねじれ、重なり合う物語の構造の一翼を担った。

## 7 新川將人

しんかわ・まさと
1966年生
『海辺のカフカ』(2015年)
ジョニー・ウォーカー

実業団のアイスホッケー選手として活躍した後、富良野塾を経て、ニナガワ・スタジオに参加。『1996・待つ』から、『ハムレット』『タイタス・アンドロニカス』『エレンディラ』『リア王』『十二人の怒れる男』『血の婚礼』など多彩な舞台に出演。『海辺のカフカ』ではウイスキーのマークそっくりの「ジョニー・ウォーカー」役で迫力ある場面を作った。

## 8 堀文明

ほり・ふみあき
1970年生
『海辺のカフカ』(2015年) 警官

1989年に静岡市の護国神社で上演された野外劇『NINAGAWAマクベス』で初参加。『オイディプス王』『リチャード三世』『四谷怪談』『白夜の女騎士《ワルキューレ》』『表裏源内蛙合戦』などに出演。『ムサシ』初演では忠助。再演からは甚兵衛の弟で凄みを見せた。

特別対談

# 蜷川幸雄
# 山口晃

Yukio Ninagawa

# 西洋文化と向き合う僕たちの共通点

演劇と美術、それぞれの分野の最前線を走る二人には、共通して抱える思いがある。
それは、「近代以降、西洋から入ってきた芸術に、日本人としてどう向き合うか」。
固有の表現を生み出す道筋、技術とは何か、
観客との関係は——34歳違いの、よく似た二人が、縦横に語り合った。

**蜷川**　山口さんの作品は初期から見てきました。虫眼鏡をのぞいて、「バイクがある。隣で馬に乗ってるぞ」って言いながら。俯瞰と細部を行ったり来たりするのが面白い。日本の絵巻物みたいに、横に流れる感覚があるのに、一つ一つの部分では、現在と「かつて」を同居させている。その技法に驚いた。勝手に、自分と似ているところがあると思ってきました。

**山口**　ありがとうございます。

――お二人が初めて対面したのは、2015年の春、『リチャード二世』上演中の彩の国さいたま芸術劇場でした。その時、蜷川さんから、「今度、〝愚痴〟を言い合いましょう」というお誘いがありましたね。

**山口**　勿体ない話で……私は単純に絵が上手になりたいと思って油絵を学び始めたのですが、踏まえなければいけない参照先があることが分かってきました。それが西洋。参照するのは悪いことではなくて、明治より前は、中国絵画を何百年かかけて消化して、全然違う日本の絵画を生み出してきたわけですが、明治以降は輸入のスピードが早く、せっかく学んで、「これから噛み砕いて、自分のものにするぞ」と思った時には、もう海の向こうから次の潮流がやってきて、第一線から退かされてしまう。その結果、あちらの価値基準に照らした合格作品が並ぶだけで、それを自国の歴史に繋げられない。これが近代以降の日本の美術の問題で、かなりたくさんの可能性を放棄してしまったのではないかと思うのです。

**蜷川**　僕の舞台は、ヨーロッパのギリシャ悲劇やシェイクスピア劇に「似ていないからダメだ」って言われていたんです。もちろん僕は、西洋演劇を学んで、戯曲分析をさんざんやり、戯曲に書かれていることの裏にあるサブテクストを読むのも習慣になっている。その上で、自分の作るものが「オリジナルたり得るか」考えた。でも評価は一貫して「ヨーロッパの本家と似ていないからダメ」。打ちのめされるから頑なになる。闘争的になって、批評家に「あんたにはわからないだろうから、観なくていい」とか言っちゃう。

**山口**　言ってみたいですねえ。それでも評価されてきたのですね。

**蜷川**　当時は、批評家のワースト1、観客のベスト1。激しく乖離していました。ただ批評家でも何人かの理解者が論理的に応援してくれた。感性でお客さんが大勢来てくれた。それだけで生き延びてきたんです。

**山口**　「違う」と言われたそうですが、むしろ正しくあったのではないですか。精神の発露の仕方が、ヨーロッパ人と日本人とでは違うのが当たり前。もし見た目が同じになったら、どちらかが嘘をついていることになる。日本人がヨーロッパ人と同じ表現をするとしたら、内発的なものを、どこか押し込めているからでしょう。見た目が「違った」というのは、実はまったき演劇の回路を咀嚼して、正しく通過したからではないでしょうか。それが、「本家」の基準、合格点に当てはめようとした批評家には見えず、それを持たない観客には、より自分の精神に近いところで評価ができたのかしらん。そう思って、いまのお話をうかがいました。

Akira Yamaguchi

山口画伯による『リチャード二世』観劇時のスケッチ。左端の車椅子の人物は、リチャードの叔父エドマンド・ラングレー。老人を若い俳優が演じていた。

Yukio Ninagawa

## リチャード二世は「天茶漬け」

**山口**　この前、『リチャード二世』を拝見して、喩えが悪いですけれど、天丼を食べた後に、濃いコーヒーを飲んだような気がしました。三日ぐらい胃もたれしたように感じたのですが、思い出すと不思議に、透明感といいますか、すっとした後味でした。

**蜷川**　天茶漬けぐらいかな。

**山口**　蜷川さんは、どのへんに焦点を定めていらっしゃるのでしょう。ひょっとしたら、見た人が三日後ぐらいに思い出した時の感じに焦点を定めて、一見こってりしていても、実は意外ともたれないようにしているのかしら、なんて思いました。

**蜷川**　『リチャード二世』って、原文は韻文なんです。その言葉は捨てた。代わりに、自由にビジュアルで韻文を作ろうと思ったんです。あとはひらめきで、ポップにしたり、歌舞伎で海を表現する波幕を使ったり。それで、「天茶」になったんでしょう。

**山口**　どこに焦点を合わせるかは、本当に大事ですね。往々にして表層に合わせてしまいがちですが、それは実は簡単なんですね。でも、だいたい失敗する。だからきっと、向こうの人が韻文を味わった時の「感じ」に合わせられたのでしょうね。元の韻文には、日本人が、歌舞伎の「しがねえ恋の情けが仇」みたいなせりふを味わうくらいの軽みがあるのでしょう。でも、翻訳ではどうしても重々しくなる。いま、状況を作った後はひらめきでとおっしゃったのを聞いて、「あっ」と思いました。原理を無意識にコントロールしているということですよね。意識に上らせちゃうと失敗すると思うんです。

## 丸をシュッと描く

**蜷川**　あなたの先輩の会田誠さんの絵を見て、うまいなあと思い、話を聞きたくて対談したことがあるんです。彼は「デッサンや描写がうまいなんて簡単。それをこなすことのほうが大変です」とおっしゃっていた。山口さんも、技術への確信の持ち方がすごいなと思う。

**山口**　私ぐらいの中途半端なうまさは、絵を崩そうとすると大変なことになります。「うまい」の真ん中を通って向こう側に出るぐらい精進をしませんと。

**蜷川**　そうなりたいんだ、俺は。丸を描くにしても、いつもきれいにシュッと仕上げられるようになりたい。そのために、頭を良くしたい、感覚を良くしたいと思っているんですけれど。

**山口**　おっしゃるとおりです。自分がうまいと言っているようで、あれなんですけど……。

**蜷川**　簡単な事ですか？

**山口**　簡単ではないですが、うまさはやっぱりデッサンですから、見たとおりに描けばいいみたいなところがあって、答えは合わせやすいです。でも、うまさが最後に残るとどうしても鼻につく。そういうものを人はすごく嫌うんです。作家が見る人のほうを向いて、「ほらっ」って薄ら笑いしているような嫌らしさというんでしょうか。人が面白がるのは、肩越しにのぞく時なんですね。肩越しに人が寄ってくるようなうまさが、実は難しい。

**蜷川**　技術のある人はいいよな。芝居では技術のない奴が多くて。最近は若者のつぶやきみたいな演劇が多い。「わたし」を許し過ぎだって、僕には思えるわけです。ちゃんと描写できるとか、戯曲を分析できるとか、ヨーロッパとどう対峙したらいいのかっていうことをずっと考えてきたから、そういう基本を抜きにして「わたし」を描こうとすることに、すごくイライラする。

**山口**　油絵の世界でも、かつてはデッサンがアカデミズムの中心的な訓練方法だったのですが、本家西洋で、対話で自分を見つけ出すみたいなのが多くなり、日本でいまだに石膏デッサンをガシガシ描いているのがどうもよくないというような言われ方をするようになった。それで訓練が緩くなった。何が残ったかというと、何もないんです。個人の中に表現を育てるにしろ、反発するにしろ、なにか最初の蹴り出しのもとが必要です。外国の人は、それが原理として結構しっかり通っている。ところが日本人は、特に油絵は、たとえ上っ面の技術であっても、その中から原理をおしはかるしかない。描写力を手放してしまった結果、どっちに泳いでいいか分からなくなった。だから、自分がいま、蹴っているのか、浮いてるのか、沈んでるのかもはっきりしないものが出来てしまう。そういう作品を見かけると、批判的に接するにしろ技術という「型」は簡単に手放すべきじゃないと思います。

——蜷川さんが最初にシェイクスピアを演出した時の主演は、松本幸四郎（当時・市川染五郎）さん。幼い頃から歌舞伎の技を叩きこまれた人ですね。

**蜷川**　基礎的なテクニック、ことに歌舞伎の身体を持っている人はすごいですね。揺るがない。かっこよかった。あれが最悪だったら、きっと、いまの自分は違ったところにいたと思う。

——歌舞伎は「型」が基本。山口さんが関心を寄せる近代以前の日本の絵画にも、様式がありますよね。

**蜷川**　歌舞伎の「型」は圧倒的にすごい。それが出来上がるまでの歴史が、身体に宿っているわけだから。

**山口**　うまさを消すには、もっとうまくなるしかない。一番うまくなると、型が消えちゃうんです。江戸初期の絵師に俵屋宗達という人がいます。普通の人は、鶴を描こうとする時、羽はこう、首はこういう風に、と考えますよね。でも、天才・宗達が扇面に描いた鶴を見ると、まるで、私たちが平仮名の「あ」の字を書く時、なにも考えないで上の横棒を引くのと同じような調子で鶴を描いている。そういう「型」をもって彼が描いた絵からは、鶴でございます、松でございますという主張が消えて、余白も含めて、圧倒的な画面の統一感が生まれている。ことさら意識していないのに、現れてくるすごさを、優れた日本の古い絵を見るとひしひしと感じます。

——それを参照することはありますか？

**山口**　「型」に至るぐらいのものを描こう、レベルを確保しようとは考えています。描いていて、画面上の人の物語に意識をシフトするためには、線がゆるがせにならないように手の訓練をしなければと思います。技術に集中し過ぎず、でも技術がフルに働いている状態を、同時進行できるように、と。

——挑戦的な作品を世に問う時にも、多くの人に届けようと意を尽くすところも、お二人の共通点です。

**蜷川**　大阪の劇場で、トイレに行ったおばちゃんが「元取らな」と言いながら走って戻るのを見ました。そういう現実はきっちり受け入れて、元を取ってもらおうとは思うよ。高いからね、芝居は。きちっと勉強してきた人たちと、普通の人たち、両方に支持されたいなと思う。

**山口**　玄人と素人の両方から褒められたい、というのはあります。もっと傲慢な言い方をしちゃうと、どっちからも文句を言われないで、好きに描きたい。

**蜷川**　いいですねえ。

**山口**　好きに描いていて、後ろからみんなが覗いて楽しんでくれたら言うことはないですけれど。お絵かき少年で

Yukio Ninagawa

したから、自分が楽しいというものを描くと、素人の方は、だいたいパッと見て面白がってくださるんですね。あとは、そういうのを、うるさがたにどう認めさせるか。うるさがたには、まだまだ……。

**蜷川**　うるさがた、俺はダメだったな。

## 誤読の醍醐味

**山口**　日本人が演出したシェイクスピアに対するイギリス人の評価の中に、「これを認める大英帝国の僕たち、すごい」みたいな要素が組み込まれてはいないでしょうか。すごく上手な植民地政策のような感じが。

**蜷川**　だから、イギリスで受け入れられるにしても、ヨーロッパ文化の補完物にはならねぇぞって意地を張るわけです。「アジアで味付けされたものを認めてやった」という空気の中には絶対に入らないぞって。意地を張ってきたかいはあると思います。ただ、イギリス人は、「散る桜の花びらに悲しみがある」とか、こちらとしては、「そ

この日は英国の演劇関係者が団体で観劇。終演後、楽屋を訪れ、蜷川さんを取り囲んだ（左上）。

んなの関係ないよ」ということを読み取る。「ま、勝手に誤解しろ」って思っています。

**山口**　誤読というのは、他文化と触れる醍醐味のような気がします。

**蜷川**　そうですね。

**山口**　西洋が浮世絵を誤読して、そこから近代絵画が生まれてきたのを見ると、むしろ正しく読んじゃいけないんじゃないかという気がしてきます。誤読って、自分の根幹は揺らさずに、言葉は悪いですけど、正しく「いいとこ取り」をすることですよね。

――お二人の作品では、よく現代と過去が同居します。勇気のいる表現だと思いますが、どう踏み出したのでしょう。

**蜷川**　本場の――本場っていう言い方はおかしいけど――イギリスのシェイクスピアより俺のほうが面白いっていう確信だね。それと意地。意地は二、三年はもつ。その先はもうちょっと、きちっとした観念が必要だけれど。

**山口**　馬とバイクをくっつけると、マンガだと言われちゃいますからね。でも、ルノアールもマンガも絵本も小説も、自分と同じような距離にあるのだから、絵に入れてもいいんじゃないかと思いました。何よりも筆が動かなくなった時期がありまして、せっかく絵を描ける学校に入ったのに、まったく発想が浮かんでこない。なんでだろう？　描きたいものを描いてないからだ。描きたいものを描くと先生に怒られるんじゃないか、でも別に、先生に褒められるためにやってるわけじゃない――と、蛮勇といいますか怖いところに飛び込む感じでした。あとは、意地。自分しか責任を負えないので、覚悟といいますか。

――山口さんは、人当たりは穏やかですが、著作や言葉には強い怒りも籠もりますね。

**山口**　欺瞞を感じるものには、ついつい皮肉めいてしまいます。初めにお話ししたように、どうしてもあちら（西洋）の解答みたいなものに擦り寄る人がいて、しかも擦り寄っている自覚もないみたいなので。まあ、私のやっていることに意気に感じる人がいたら、この路線を継いでくれるだろうから、気にしないようにしますが。

**蜷川**　いいよな、静かで、一見。

**山口**　ご自分の境地を、後の人に継いでほしいというか、どのくらい継げるだろう、でもどのくらい取りこぼすだろう、みたいなことって考えておられますか？

**蜷川**　継いでほしいとは思っていないです。ただ、こういう時代をこういう風に生きた奴らがいたっていうことを分かってくれるといいなあとは思います。死に物狂いでものを作って、年老いていったジジイたちがいた、その空気だけは伝わらないかなあと思ってるんですけれど。

## 表現者の「病」

**蜷川**　山口さんに聞きたいのは、ああいう発想はどこから出てくるのか。それと、一人の人物に何枚ぐらいデッサンを描くんですか。

**山口**　あるインプットがあった時、カーンとこだまが返るように、イメージが出てくるのがほとんどです。ただそれは非常に曖昧で、稲光がピカッと光った時に、パッと一瞬見えた「あれ」を思い出しながら描くという感じです。だから作る時には考えないで、「パッ」を、おおもとから引っ張ってくるようにします。最初の「ピカッ」で、背骨が立ち上がる。背骨が立たない作品には手を付けないようにしています。人物は、あんまり変なポーズの時は、別の紙に何枚か描いて、その呼吸を飲み込みますけれど、本番ではなるべく一呼吸で描くようにしています。

**蜷川**　即興性があるわけですか？

**山口**　そうですね、自分でも飽きないように。

**蜷川**　すごい。感動する。山口さん、やっぱり病気だわ。これは褒め言葉です。

**山口**　病気というのを、人の内面を、どれだけ片側に寄せられるか、という意味でうかがいました。その偏りと、寄せたものが崩れる力が、絵を描くのに必要な気がいたします、確かに。

**蜷川**　我が同類よ。病まなきゃできるか、こんな仕事。ねえ？

**山口**　はい、おそれ入ります。

**蜷川**　言いたいことが言えて、楽しかったです。

八日は演出家の蜷川幸雄さんと対談
体を悪くしていらっしゃる
スーハー
以前世話になった記者の方の引合せ。
ではー
対談と云っても、記者さんのリードに任せっ放し。
蜷川さんの一言一句に聞きいる形になってしまう。対談者失格。

この日の対談のもようを山口画伯が自らリポート。「UP版すゞしろ日記 第124回」（「UP」2015年7月号）より

Profile

やまぐち・あきら　1969年、東京生。群馬県桐生市に育つ。画家。著書に『ヘンな日本美術史』（祥伝社）、画集に『山口晃 大画面作品集』（青幻舎）など。

Akira Yamaguchi

# 彼の眼差しと、未来

藤田貴大

彼は10歳のころ、眺めていた。こっち岸から、眺めていた。河を挟んで、あっち岸の。もっと遠くを、じーっと。町が燃えていた。それをただ、じーっと。焼夷弾が上空から音もなく降ってくる。その様子をただただ、じーっと眺めていた。彼は云う。

「その光景が、とてつもなくきれいだった」

彼の目に映る風景。世界。それはいったい、どういうものなのだろう。いっさいの妥協をゆるさずに、とにかく彼は見つめることをする。目の前に広がる風景を。世界を。そして、そこに立つ人間を。見つめて、見つめて、見つめ尽す。見つめられている人間は大変だ。彼の、神経質で目の細かい網の目状の視線を掻い潜るためには、むしろ真っ向勝負しなくてはいけない。真っ向勝負しなくては掻い潜ることはできない。いや、「掻い潜る」だなんて言葉が一瞬でもアタマをよぎった時点で、その人間はダメかもしれない。「掻い潜ろう」だなんてした時点で見抜かれて、言葉の乱射で殺されてしまう。言葉の乱射によって死んだ、ように青ざめて稽古場をあとにする人間を、彼に出会って三年目のぼくですら、何人も。いや何十人も見たことがある。彩の国さいたま芸術劇場から与野本町駅までの道を、青ざめた表情で歩く青年や老人を見たことはないだろうか？もしくは、与野本町駅のプラットホームにて。いまにも列車に飛び込んでしまいそうな青ざめた表情の青年や老人を見たことはないだろうか？　その青ざめた人間たちに共通していることは、彼による言葉の乱射をもろに浴びてしまった、ということだ。これはあくまでぼくの見解だけれど、その青ざめた人間たちは、皆。一時的な視覚障害みたいな状態に陥ってしまったから青ざめているのだとおもう（ひとに怒鳴られたあとって、目に映る風景が灰色に見えますよね）。

冗談はさておき（いや、半分冗談ではないのだけれど）。ぼくは現在、彼の半生を、ぼくなりに描いた作品の戯曲を書いている。この戯曲の執筆に、もう一年以上。ぼくの生活のほとんどを費

Profile
ふじた・たかひろ　1985年、北海道生。演劇作家／マームとジプシー主宰。2012年、第56回岸田國士戯曲賞を受賞。同じシーンを高速でくり返すことで変移させていく「リフレイン」を演劇に取り入れ注目を集める。2016年2月蜷川幸雄氏への書き下ろし『蜷の綿－Nina's Cotton－』を自身の演出でも上演予定。

やして。もうなんというか、起きてから寝るまで。だいたい彼のことをかんがえている。恋とか、そういう類のなんやかんやなんかよりも、時間も体力も精神もすべて投入して。そりゃあ、気持ち悪いくらいのモチベーションで書いている。書いているのだけれど、しかしけっきょく、ぼくなんかは彼の目に映る風景を。世界を。想像することしかできないわけだ。彼が見つめてきたもの。おんなじ風景を。世界を。ぼくは見つめることはできない。彼は80歳。ぼくは30歳。彼とぼくの間には50年という時間が存在していて、その重圧はおもっていたよりも随分とおおきい。彼が疾走してきた時代を、ぼくは疾走していない。だから、想像することしかできない。それでも、なにがなんでも書きたいとおもった。彼のことを、ぼくの手で書きたいとおもったのだ。それは、何故か――

「その光景が、とてつもなくきれいだった」

彼は幼いころから、ずっと凝視してきたのだとおもう。睨みつけてきたのだとおもう。どんな風景だって。どんな世界だって。どんな時代だって。尋常じゃない集中力で、目を逸らすことなく、見つめてきたのだとおもう。稽古場でも、劇場でも。目の前に広がるあらゆることと向き合ってきたのだろう。その眼差し。その姿勢。きっと、幼少期から現在の年齢まで、なにひとつとして変わらないのだろう。どんな時間にいたって、どんな場所にいたって。あの眼差し。あの姿勢なのだろう。しかしそれも永遠じゃない。時間は無限ではない。有限なのだ。ここ最近の、彼が演出する作品からは、そのことを感じさせられる。老い。車椅子。モノクローム。つまり、有限。死の匂い。たしかにここまで、ずっと彼は作品をつくってきた。しかしやがて作品をつくることができなくなる。つくろうとする自分に自分自身の身体がストップをかける。演出家が演出をできなくなっていく。ぼくも（まだまだ彼の足元にも及ばないが）、演出家だ。もしかしたら、ぼくは彼のことを描きながら、ぼくの未来。いや、ぼくだけじゃない。ありとあらゆる人間の未来を。重ね合わせて想像したいのかもしれない。どこまで身体は、つくるという行為を許してくれるのか。彼を通して、時代や過去を描きたいわけではない。彼を描くということは、未来を描くということだ。だから、彼のことを現在、描きたい。

蜷川幸雄がいない世界を未だ、想像できない。まだまだ、蜷川幸雄がつくる作品が観たい。

「その光景が、とてつもなくきれいだった」

幼少期のころの、あの風景を思い出しながら、ぼくにゆっくりとそう云った。あのときの彼の目は、とても透き通っていた。作品のことを話しているときの彼の表情。まるで子どもみたいだ。無限だの永遠だのを疑いながらも、でも。彼が無邪気に夢中になっている姿を見ていると、これがずっと。無限に、永遠に、ずっと。つづいてほしいとおもうのだった。

2015・10・5

## 蜷川幸雄80年の軌跡

# 年譜・全演出作品リスト

● 上演月は初日を基準としました。
● 初演、あるいは初演出の作品には★印を付けました。
● 丸囲みの文字は以下を示します。
〔場〕＝会場　〔作〕＝作者　〔原〕＝原作者　〔脚〕＝脚本　〔訳〕＝翻訳
〔修〕＝修辞　〔監〕＝監修　〔構〕＝構成　〔演〕＝共同演出者　〔補〕＝演出補
〔ア〕＝アートディレクター
〔美〕＝美術　〔装〕＝装置　〔照〕＝照明　〔響〕＝音響　〔効〕＝効果　〔音〕＝音楽
〔曲〕＝作曲　〔詞〕＝作詞　〔振〕＝振付　〔衣〕＝衣裳　〔出〕＝主な出演者　〔製〕＝製作
● 劇場や俳優、スタッフなどは原則公演当時の名前を記載しています。

**1935（昭和10）年**
▼10月15日、埼玉県川口市に生まれる。生家は洋服屋。姉1人、兄3人の末っ子で、母に連れられて、幼い頃から歌舞伎やオペラ、バレエなどを見に劇場に通う。父も自宅で若い画家の作品の入札会を開くほどの美術好きだった。

**1948（昭和23）年　13歳**
▼地元の小学校から東京の進学校、開成中学へ。受験体制に反発して授業をさぼり、開成高校1年で留年。高校に4年間通う。

**1955（昭和30）年　20歳**
▼開成高校を卒業。
▼画家を目指して東京藝術大学を受験するが合格せず、「劇団青俳」の研究生になる。
▼『快速船』（安部公房作、倉橋健演出）で初舞台を踏む。
「僕は俳優です」と裏方の仕事を拒否し、「貴族俳優」とあだ名された。

**1956（昭和31）年　21歳**
▼テレビ初出演＝NHKテレビドラマ『江戸の小鼠たち』。

**1957（昭和32）年　22歳**
▼映画初出演＝映画『純愛物語』（今井正監督）。
その後、数多くのドラマ、映画に出演。

**1959（昭和34）年　24歳**
▼早稲田大学の学生だった清水邦夫と出会う。

**1960（昭和35）年　25歳**
▼清水邦夫作『明日そこに花を挿そうよ』（塩田殖演出）に「右太」役で出演。

**1963（昭和38）年　28歳**
▼清水邦夫作『逆光線ゲーム』（観世栄夫演出）に出演。

**1966（昭和41）年　31歳**
▼青俳の女優、真山知子と結婚。

**1967（昭和42）年　32歳**
▼初めての演出＝青俳稽古場で『ヴォルフガング・ボルヒェルトの作品からの九章―詩・評論・小説・戯曲より』を構成・演出。

**1968（昭和43）年　33歳**
▼清水邦夫の書き下ろし『真情あふるる軽薄さ』の上演が認められなかったことをきっかけに青俳を退団し、蟹江敬三、石橋蓮司、真山知子、岡田英次らと「現代人劇場」を結成。

**1969（昭和44）年　34歳**
▼現代人劇場の旗揚げ公演『悩める神々はされど出発したまわず』（石堂淑朗作、岩淵達治演出）に出演。
▼『真情あふるる軽薄さ』で本格的に演出家としてデビュー。鮮烈な舞台が注目され、アングラ演劇の旗手となる。

**9月　『真情あふるる軽薄さ』★**　〔場〕アートシアター新宿文化　〔作〕清水邦夫　〔美〕若林南海男　〔照〕宮崎純　〔響〕今泉芳春　〔音〕岡部公甫　〔振〕ヒロセ元美　〔出〕蟹江敬三、真山知子、岡田英次、石橋蓮司　〔製〕劇団現代人劇場

**1970（昭和45）年　35歳**
**5月　『明日そこに花を挿そうよ』★**　〔場〕現代人劇場稽古場　〔作〕清水邦夫　〔美〕蜷川幸雄　〔照〕吉本昇　〔響〕今泉芳春　〔出〕緑魔子、石橋蓮司、青山達也、本田龍彦　〔製〕劇団現代人劇場
**9月　『想い出の日本一萬年』★**　〔場〕アートシアター新宿文化　〔作〕清水邦夫　〔美〕若林南海男　〔照〕吉本昇　〔響〕今泉芳春　〔音〕岡部公甫　〔出〕本田龍彦、蟹江敬三、石橋蓮司、真山知子　〔製〕劇団現代人劇場

**1971（昭和46）年　36歳**
▼11月、現代人劇場を解散。
**4月　『東海道四谷怪談』★**　〔場〕四谷公会堂　〔作〕鶴屋南北　〔美〕大野泰　〔照〕森一典　〔響〕的場重明　〔出〕蟹江敬三、石橋蓮司、加藤真智子、山谷初男　〔製〕劇団現代人劇場
**10月　『鴉よ、おれたちは弾丸をこめる』★**　〔場〕アートシアター新宿文化　〔作〕清水邦夫　〔美〕大野泰　〔照〕森一典

[上]20代前半、俳優として活動していた頃。[中]『盲導犬』(1973年)ポスター(以後151頁まで全て上演ポスター)　[下]『泣かないのか? 泣かないのか 一九七三年のために?』(1973年)

響高野昌昭　音井上博一　出蟹江敬三、梶原譲二、緑魔子、真山知子、加藤真智子　製劇団現代人劇場

**1972(昭和47年)年　37歳**

▼2月、「櫻社」を結成。

▼10月、長女・実花が誕生。

▼この頃、新宿の映画館で会った見知らぬ青年に、「どうしても聞きたいことがある」と言われて入った喫茶店で、「あなたはいま、希望を語れますか?」と問われる。

「俺には語るべき希望なんてひとつもないし、俺は希望なんて語らないよ」と答えると、青年は、テーブルの下に隠していたジャックナイフを出して、「僕はいつもあなたの芝居をみていました。あなたがいま、希望を語ったら、刺すつもりでした」と言って、去った。この体験から蜷川は「客席の暗がりには千のナイフが潜み、千のまなざしが突きつけられている。それに対峙する覚悟をもたなくては」という考えを持つ。

**10月『ぼくらが非情の大河をくだる時—新宿薔薇戦争』★**　場アートシアター新宿文化／11月、立教大学／武蔵大学　作清水邦夫　美大野泰　照白井良直　響市来邦比古　衣古田まゆみ　出蟹江敬三、石橋蓮司、本田龍彦　製櫻社

**1973(昭和48)年　38歳**

**5月『盲導犬』★**　場アートシアター新宿文化　作唐十郎　美大野泰　照吉本昇　響市来邦比古　曲田山雅充　出石橋蓮司、蟹江敬三、緑魔子、桃井かおり　製櫻社

**10月『泣かないのか?泣かないのか一九七三年のために?』★**　場アートシアター新宿文化　作清水邦夫　美大野泰　照吉本昇　響市来邦比古　曲田山雅充　衣田根楽子、吉見咲羅　出石橋蓮司、蟹江敬三、石井愃一　製櫻社

**1974(昭和49)年　39歳**

▼初めて大劇場で演出。日生劇場で『ロミオとジュリエット』(東宝製作)を手掛ける。

やる気のない俳優に物を投げつける闘争的な姿勢で稽古に臨み、その後、「灰皿を投げる」が蜷川の代名詞になる。舞台は賛否が鋭く対立し、演劇界に衝撃を与えたが、商業演劇を手掛けたことへの劇団員の反発は強かった。

▼8月　櫻社解散。

集団が崩壊したこの出来事は蜷川の心に深く刺さり、「その後の人生を変えた」という。

**5月『ロミオとジュリエット』★**　場日生劇場　作シェイクスピア　訳小田島雄志　装朝倉摂　照吉井澄雄　効秦和夫　音福井崚　振アキコ・カンダ　衣小峰リリー　補佐藤浩史　出市川染五郎、中野良子　製東宝

**1975(昭和50)年　40歳**

**3月『唐版　滝の白糸』★**　場大映東京撮影所　作唐十郎　美朝倉摂　照立木定彦　響八幡泰彦　曲井上堯之　振花柳茂珠　出沢田研二、李礼仙、伊藤雄之助　製花の社交界+C&P葛井事務所

**7月『リア王』★**　場日生劇場　作シェイクスピア　訳小田島雄志　照吉井澄雄　効本間明　音井上堯之　衣小峰リリー　装朝倉摂　出市川染五郎、根岸明美、新橋耐子、丘みつ子　製東宝

**1976(昭和51)年　41歳**

**5月『オイディプス王』★**　場日生劇場　作ソフォクレス　脚ホーフマンスタール　訳小塩節、前野光弘　装朝倉摂　照吉井澄雄　効吉浪良一　音井上堯之　振竹邑類　衣小峰リリー　補堀井康明　出市川染五郎、小川真由美、中尾彬　製東宝

**7月『三島由紀夫　近代能楽集　卒塔婆小町／弱法師』★**　場国立劇場小劇場　作三島由紀夫　美金森馨　照立木定彦　響八幡泰彦　振竹邑類　衣小峰リリー、新井喜一　出『卒塔婆小町』平幹二朗、寺泉哲章／『弱法師』岸田今日子、諏訪圭一　製オフィスC&P

**1977(昭和52)年　42歳**

**8月『三文オペラ』★**　場帝国劇場　作ブレヒト　訳小塩節、小田島雄志　装朝倉摂　照吉井澄雄　効本間明　振中川久美　衣小峰リリー　補佐藤浩史　出平幹二朗、若山富三郎、栗原小巻　製東宝

**1978(昭和53)年　43歳**

▼3月　次女・麻実が誕生。

**2月『王女メディア』★**　場日生劇場　作エウリピデス　修高橋睦郎　ア辻村ジュサブロー　装朝倉摂　照吉井澄雄　効本間明　振青山克己　衣小峰リリー　補堀井康明　出平幹二朗、近藤洋介、金田龍之介、山谷初男　製東宝

**8月『ハムレット』★**　場帝国劇場　作シェイクスピ

『王女メディア』（1978年）

ア [訳]小田島雄志 [ア]辻村ジュサブロー [装]朝倉摂 [照]吉井澄雄 [効]本間明 [衣]小峰リリー [補]横山美次 [出]平幹二朗、中野良子 [製]東宝

**1979（昭和54）年　44歳**

**2月**　**『近松心中物語』★** [場]帝国劇場 [脚]秋元松代 [ア]辻村ジュサブロー [装]朝倉摂 [照]吉井澄雄 [効]本間明 [音]猪俣公章 [振]花柳錦之輔 [衣]堀井康明 [補]岡本義次 [出]平幹二朗、太地喜和子、菅野忠彦、市原悦子、金田龍之介、山岡久乃 [製]東宝

**5月**　**『ノートルダム・ド・パリ』★** [場]日生劇場 [原]ヴィクトル・ユゴー [脚]高橋睦郎 [装]妹尾河童 [照]吉井澄雄 [効]本間明 [音]井上堯之 [振]青山克己 [衣]小峰リリー [補]岡本義次 [出]若山富三郎、浅丘ルリ子、菅野忠彦 [製]東宝

**8月**　**『ロミオとジュリエット』** [場]帝国劇場 [作]シェイクスピア [訳]小田島雄志 [装]朝倉摂 [照]吉井澄雄 [効]本間明 [音]福井崚 [振]川西清彦 [衣]小峰リリー [補]岡本義次 [出]本田博太郎、藤真利子 [製]東宝

◆菊田一夫演劇賞（『近松心中物語』の演出）

**1980（昭和55）年　45歳**

**2月**　**『NINAGAWAマクベス』★** [場]日生劇場 [作]シェイクスピア [訳]小田島雄志 [ア]辻村ジュサブロー [装]妹尾河童 [照]吉井澄雄 [効]本間明 [振]花柳錦之輔 [補]岡本義次 [出]平幹二朗、栗原小巻 [製]東宝

**8月**　**『元禄港歌』★** [場]帝国劇場 [作]秋元松代 [ア]辻村ジュサブロー [音]猪俣公章 [振]花柳錦之輔 [装]朝倉摂 [照]吉井澄雄 [補]岡本義次 [効]本間明 [出]平幹二朗、太地喜和子、菅野忠彦、市原悦子 [製]東宝

**1981（昭和56）年　46歳**

▼初の映画監督＝映画『海よお前が—帆船日本丸の青春』（井手俊郎脚本）。商船高等専門学校実習生、田村高廣、鈴木瑞穂らとともに、一等航海士役で出演も。

映画『魔性の夏—四谷怪談より』を監督（鶴屋南北原作、内田栄一脚本、萩原健一、関根恵子、石橋蓮司、夏目雅子らが出演）。

**2月**　**『下谷万年町物語』★** [場]PARCO西武劇場 [作]唐十郎 [美]朝倉摂 [照]吉井澄雄 [効]高橋巌 [音]猪俣公章 [振]村田大 [出]李礼仙、常川博行、渡辺謙、唐十郎 [製]パルコ

**11月**　**『近松心中物語—それは恋』** [場]帝国劇場 [脚]秋元松代 [ア]辻村ジュサブロー [装]朝倉摂 [照]吉井澄雄 [効]本間明 [音]猪俣公章 [振]花柳錦之輔 [補]岡本義次 [出]平幹二朗、太地喜和子 [製]東宝

◆『近松心中物語』が芸術祭大賞

**1982（昭和57）年　47歳**

▼初の著書『BGMはあなたまかせ』刊行。

**4月**　**『近松心中物語—それは恋』** [場]名古屋＝御園座 [脚]秋元松代 [ア]辻村ジュサブロー [装]朝倉摂 [照]吉井澄雄 [効]本間明 [音]猪俣公章 [振]花柳錦之輔 [補]岡本義次 [出]平幹二朗、太地喜和子 [製]東宝

**5月**　**『雨の夏、三十人のジュリエットが還ってきた』★** [場]日生劇場 [作]清水邦夫 [装]妹尾河童 [照]吉井澄雄 [効]高橋巌 [音]甲斐正人 [振]川西清彦 [衣]小峰リリー [補]原達昭 [出]淡島千景、久慈あさみ、汀夏子、加茂さくら [製]東宝

**11月**　**『南北恋物語—人はいとしや』★** [場]帝国劇場 [作]秋元松代 [ア]辻村ジュサブロー [装]朝倉摂 [照]吉井澄雄 [効]本間明 [音]猪俣公章 [振]花柳錦之輔 [補]岡本義次 [出]平幹二朗、加賀まりこ [製]東宝

**1983（昭和58）年　48歳**

▼『王女メディア』でローマ、アテネなど初めての海外公演。

▼10月、状況劇場『住み込みの女』（唐十郎作）で唐の演出助手を務め、「鼠男」役で出演も。

**2月**　**『黒いチューリップ』★** [場]PARCO西武劇場 [作]唐十郎 [美]朝倉摂 [照]吉井澄雄 [響]高橋巌 [音]猪俣公章 [振]西田堯 [衣]宮本宣子、荒井喜一 [出]李礼仙、柄本明、溝口舜亮、松本典子 [製]パルコ

**5月**　**『近松心中物語—それは恋』** [場]大阪＝朝日座 [脚]秋元松代 [ア]辻村ジュサブロー [装]朝倉摂 [照]吉井澄雄 [効]本間明 [音]猪俣公章 [振]花柳錦之輔 [補]岡本義次 [出]平幹二朗、太地喜和子、菅野忠彦、加賀まりこ [製]東宝

**8月**　**『近松心中物語—それは恋』** [場]帝国劇場 [脚]秋元松代 [ア]辻村ジュサブロー [装]朝倉摂 [照]吉井澄雄 [効]本間明 [音]猪俣公章 [振]花柳錦之輔 [補]岡本義次 [出]平幹二朗、太地喜和子、菅野忠彦、市原悦子 [製]東宝

**11月**　**『王女メディア』** [場]大阪＝朝日座 [作]エウリピデス [修]高橋睦郎 [ア]辻村ジュサブロー [装]朝倉摂 [照]吉井澄雄 [効]本間明 [振]花柳錦之輔 [出]平幹二朗、菅野忠彦、山本清 [製]東宝

**1984（昭和59）年　49歳**

▼若手俳優、スタッフと「GEKI-SHA NINAGAWA STUDIO」を結成。集団の名前を何度か変えながら、活動を継続。

▼映画『Wの悲劇』（澤井信一郎監督）に出演。薬師丸ひろ子演じる主人公が所属する劇団の演出家・安部幸雄役。劇中劇の演出も担当した。

**1月**　**『にごり江』★** [場]日生劇場 [原]樋口一葉 [脚]堀井康明 [装]朝倉摂 [照]吉井澄雄 [効]本間明 [音]宇崎竜童 [詞]阿木燿子 [振]花柳錦之輔 [衣]辻村ジュサブロー [補]岡本義次 [出]浅丘ルリ子、横内正、財津一郎 [製]東宝

**4月**　**『タンゴ・冬の終わりに』★** [場]PARCO西武劇場 [作]清水邦夫 [美]朝倉摂 [照]吉井澄雄 [響]高橋巌 [振]村田大 [衣]合田瀧秀 [出]平幹二朗、名取裕子、松本典子 [製]パルコ

**5月**　**『王女メディア』**　【場】花園神社　【作】エウリピデス　【修】高橋睦郎　【ア】辻村ジュサブロー　【装】朝倉摂　【照】吉井澄雄　【効】本間明　【振】花柳錦之輔　【出】平幹二朗、菅野菜保之　【製】東宝

**6月**　**『元禄港歌—千年の恋の森』**　【場】名古屋＝御園座／8月、帝国劇場　【作】秋元松代　【装】朝倉摂　【照】吉井澄雄　【効】本間明　【音】猪俣公章　【振】花柳錦之輔　【衣】辻村ジュサブロー　【補】岡本義次　【出】平幹二朗、太地喜和子　【製】東宝

**11月**　**『稽古場という名の劇場で上演される三人姉妹』**★　【場】東京＝ベニサンスタジオ　【作】チェーホフ　【訳】神西清　【美】朝倉摂（美術監督）　【装】濃野壮一　【照】原田保　【響】高橋巖　【衣】合田瀧秀　【出】平井太佳子、江川朋美、宮城由佳、鈴木真理　【製】GEKI-SHA NINAGAWA STUDIO

**1985（昭和60）年　50歳**

**2月**　**『恐怖時代』**★　【場】日生劇場　【作】谷崎潤一郎　【装】朝倉摂　【照】吉井澄雄　【効】本間明　【振】花柳錦之輔　【衣】辻村ジュサブロー　【補】岡本義次　【出】浅丘ルリ子、三田村邦彦、新橋耐子　【製】東宝

**3月**　**『NINAGAWAマクベス』**　【場】大阪＝国立文楽劇場　【作】シェイクスピア　【訳】小田島雄志　【美】妹尾河童　【照】吉井澄雄　【効】本間明　【振】花柳錦之輔　【衣】辻村ジュサブロー　【補】岡本義次　【出】平幹二朗、栗原小巻　【製】東宝

**6月**　**『王女メディア』**　【場】増上寺　【作】エウリピデス　【修】高橋睦郎　【ア】辻村ジュサブロー　【装】朝倉摂　【照】吉井澄雄　【効】本間明　【振】花柳錦之輔　【出】平幹二朗、津嘉山正種、塩島昭彦　【製】東宝

**6月**　**『95kgと97kgのあいだ』**★　【場】ベニサン・ピット　【作】清水邦夫　【美】朝倉摂　【照】原田保　【響】高橋巖　【補】村井秀安　【出】渕野直幸、平井太佳子　【製】GEKI-SHA NINAGAWA STUDIO

**10月**　**『にごり江』**　【場】帝国劇場　【原】樋口一葉　【脚】堀井康明　【装】朝倉摂　【照】吉井澄雄　【効】本間明　【音】宇崎竜童　【詞】阿木燿子　【振】花柳錦之輔　【衣】辻村ジュサブロー　【補】岡本義次　【出】浅丘ルリ子、原田大二郎　【製】東宝

**10月**　**『作品たち』**★　【場】パルコ・スペース・パート3　【美】朝倉摂　【照】原田保　【出】石橋慶一、勝村政信　【製】GEKI-SHA NINAGAWA STUDIO

**12月**　**『近松心中物語—それは恋』**　【場】名古屋＝御園座　【脚】秋元松代　【装】朝倉摂　【照】吉井澄雄　【効】本間明　【音】猪俣公章　【振】花柳錦之輔　【衣】辻村ジュサブロー　【補】岡本義次　【出】平幹二朗、太地喜和子　【製】東宝

**1986（昭和61）年　51歳**

**2月**　**『タンゴ・冬の終わりに』**　【場】パルコ劇場　【作】清水邦夫　【美】朝倉摂　【照】吉井澄雄　【響】高橋巖　【振】村田大　【衣】朝倉摂、宮本宣子　【出】平幹二朗、名取裕子、松本典子　【製】パルコ

**3月**　**『近松心中物語—それは恋』**　【場】大阪＝近鉄劇場　【脚】秋元松代　【装】朝倉摂　【照】吉井澄雄　【効】本間明　【音】猪俣公章　【振】花柳錦之輔　【衣】辻村ジュサブロー　【補】岡本義次　【出】平幹二朗、太地喜和子　【製】東宝

**5月**　**『オイディプス王』**　【場】築地本願寺　【作】ソフォクレス　【修】高橋睦郎　【装】朝倉摂　【照】吉井澄雄　【効】本間明　【音】三枝成章　【振】花柳錦之輔　【衣】辻村ジュサブロー　【補】山田孝行　【出】平幹二朗、アスパシア・パパサナシウ、津嘉山正種　【製】東宝

**7月**　**『NINAGAWA 少年少女鼓笛隊による血の婚礼』**★　【場】ベニサン・ピット　【作】清水邦夫　【装】沼田憲平　【照】原田保　【響】高橋巖、井上正弘　【衣】木村晶子　【出】渕野直幸、平井太佳子、大川浩樹　【製】GEKI-SHA NINAGAWA STUDIO

**12月**　**『貧民倶楽部』**★　【場】帝国劇場　【原】泉鏡花　【脚】堀井康明　【装】朝倉摂　【照】吉井澄雄　【効】本間明　【音】宇崎竜童　【詞】阿木燿子　【振】花柳錦之輔　【衣】河原彰　【補】山田孝行　【出】浅丘ルリ子、沢田研二　【製】東宝

▼12月31日午後、暴力団との交流を報じられた歌手ふたりに、紅白歌合戦に出場しないよう要請したとされるNHKに対して「善も悪も混沌とした芸能を規制、管理するのは容認できない」と抗議し、特別審査員を辞退（NHKは当時、「歌手に出場辞退を要請してはいない」と説明した）。

◆テアトロ演劇賞

**1987（昭和62）年　52歳**

▼『NINAGAWAマクベス』をロンドンのナショナル・シアターで上演。英国ローレンス・オリヴィエ賞の演出家賞候補になる。

**3月**　**『テンペスト—佐渡の能舞台でのリハーサル』**★　【場】日生劇場　【作】シェイクスピア　【訳】小田島雄志　【装】鈴木俊朗　【照】原田保　【効】本間明　【音】宇崎竜童　【振】花柳錦之輔　【衣】河原彰　【補】山田孝行　【出】平幹二朗、田中裕子、菅野菜保之、松田洋治　【製】東宝

**5月**　**『虹のバクテリア』**★　【場】ベニサン・ピット　【作】宇野イサム　【装】中越つかさ　【照】原田保　【効】井上正弘　【補】山田ひとみ　【出】伊東千啓、大石継太、大川浩樹　【製】GEKI-SHA NINAGAWA STUDIO

**7月**　**『なぜか青春時代』**★　【場】パルコ劇場　【作】清水邦夫　【美】朝倉摂　【照】原田保　【響】高橋巖　【衣】宮本宣子　【出】夏木マリ、松本典子　【製】パルコ

**10月**　**『ギプス』**★　【場】ベニサン・ピット　【作】宇野イサム　【装】中越つかさ　【照】原田保　【効】井上正弘　【衣】長谷川晴美　【出】伊東千啓、大石継太、大川浩樹　【製】GEKI-SHA NINAGAWA STUDIO

**12月**　**『NINAGAWAマクベス』**　【場】帝国劇場　【作】シェイクスピア　【訳】小田島雄志　【装】妹尾河童　【照】吉井澄雄　【効】本間明　【音】甲斐正人　【振】花柳錦之輔　【衣】辻村ジュサブロー　【補】山田孝行　【出】津嘉山正種、栗原小巻　【製】東宝

◆芸術選奨文部大臣賞（1987年度。『テンペスト』）

『下谷万年町物語』（1981年）

(『NINAGAWAマクベス』の演出)

1988(昭和63)年　53歳

3月　『欲望という名の市電』★　場帝国劇場　原テネシー・ウィリアムズ　脚堀井康明　装鈴木俊朗　照原田保　効本間明　音宇崎竜童、千野秀一　振花柳錦之輔　衣小峰リリー　補山田孝行　出浅丘ルリ子、隆大介、佳那晃子　製東宝

5月　『ハムレット』　場スパイラルホール／6月、恵比寿ファクトリーNo.2　作シェイクスピア　訳坪内逍遥、小田島雄志　装中越司　照原田保　響高橋巌　音甲斐正人　振青山裕一、水品崇　衣小峰リリー　出渡辺謙、荻野目慶子　製スパイラル

10月　『仮名手本忠臣蔵』★　場新神戸オリエンタル劇場　脚堀井康明　装鈴木俊朗　照原田保　効本間明　音宇崎竜童、千野秀一　振花柳錦之輔　衣小峰リリー　補明石伸一　出近藤正臣、大和田伸也、成田三樹夫　製新神戸オリエンタル劇場

10月　『モロトフカクテル』★　場スパイラルホール　装中越司　照原田保　響小野良行　振水品崇　出内田裕也、芍薬トリオ、高岡早紀　演奏＝モロトフカクテル オーケストラ　製スパイラル

12月　『テンペスト―嵐』　場帝国劇場　作シェイクスピア　訳小田島雄志　装鈴木俊朗　照原田保　効本間明　音宇崎竜童　振花柳錦之輔　衣小峰リリー　補山田孝行　出津嘉山正種、田中裕子　製東宝

1989(昭和64、平成元)年　54歳

▼著書『Note　1969〜1988』刊行。

3月　『唐版 滝の白糸』　場日生劇場　作唐十郎　装朝倉摂　照原田保　響井上正弘　振若柳禄寿　衣小峰リリー、浜田和代(お甲)　補村井秀安　出松坂慶子、岡本健一、壌晴彦　製松竹

4月　『NINAGAWAマクベス』　場静岡県護国神社　作シェイクスピア　訳小田島雄志　装中越司　照原田保　効本間明　振花柳錦之輔　衣辻村ジュサブロー　補村井秀安　出津嘉山正種、栗原小巻　製ポイント東京

7月　『王女メディア』　場新神戸オリエンタル劇場　作エウリピデス　修高橋睦郎　ア辻村ジュサブロー　装中越司　照吉井澄雄　効本間明　振花柳錦之輔　補村井秀安　出嵐徳三郎、壤晴彦、大門伍朗　製ポイント東京

12月　『盲導犬』　場日生劇場　作唐十郎　装中越司　照原田保　効本間明　音宇崎竜童　振水品崇　衣小峰リリー　補釜紹人　出桃井かおり、木村拓哉、財津一郎　製東宝

1990(平成2)年　55歳

▼初のテレビドラマ演出＝テレビ朝日『水のおんな』(清水邦夫脚本、岸惠子主演)。

1月　『卒塔婆小町』　場東京グローブ座／新神戸オリエンタル劇場　作三島由紀夫　装金森馨(原案)、中越司　照原田保　効本間明　振水品崇　衣小峰リリー　補釜紹人　出壌晴彦、井上倫宏　製ポイント東京

5月　『ペール・ギュント』★　場青山劇場　作イプセン　訳毛利三彌　脚堀井康明　装鈴木俊朗　照原田保　効本間明　音宇崎竜童　振水品崇　衣小峰リリー　補山田孝行　出高橋一也、岡本健一、神保共子、戸川京子　製青山劇場＋東宝

7月　少年隊ミュージカル『MASK―仮面』(劇中劇「ハムレット」演出)　場青山劇場／8月、大阪＝フェスティバルホール　脚森泉博行　作ジャニー喜多川(構成・演出)　出錦織一清、東山紀之、植草克秀

1991(平成3)年　56歳

1月　『1991・待つ』★　場ベニサン・ピット　作ザ・ヤング・ニナガワ・カンパニー　美中越司　照原田保　響井上正弘　演高山直也、井上尊晶　出大石継太、大川浩樹、清家栄一　製ザ・ヤング・ニナガワ・カンパニー

4月　『リア王』　場新神戸オリエンタル劇場／パナソニック・グローブ座　作シェイクスピア　訳小田島雄志　装中越司　照原田保　効本間明　音宇崎竜童　振青山典裕　衣小峰リリー　補村井秀安　出津嘉山正種、新橋耐子、原田美枝子、高橋紀恵　製東京グローブ座＋ポイント東京

6月　『七人みさき』★　場銀座セゾン劇場　作秋元松代　装朝倉摂　照原田保　効井上正弘　音宇崎竜童　振青山典裕　衣小峰リリー　補釜紹人　出近藤正臣、名取裕子　製銀座セゾン劇場＋ポイント東京

12月　『仮名手本忠臣蔵』　場帝国劇場　脚堀井康明　装鈴木俊朗　照原田保　効本間明　音宇崎竜童、千野秀一　振花柳錦之輔　衣小峰リリー　補山田孝行　出近藤正臣、太地喜和子　製東宝

1992(平成4)年　57歳

▼英国エディンバラ大学から名誉博士号授与。

1月　『1992・待つ』　場ベニサン・ピット　美中越司　照原田保　響井上正弘　演高山直也、井上尊晶　出大石継太、大川浩樹、清家栄一、妹尾正文、羽子田杏子　製ザ・ニナガワカンパニー

3月　オペラ『さまよえるオランダ人』★　場神奈川県民ホール／尼崎アルカイックホール／東京文化会館　作ワーグナー　美鈴木俊朗　照吉井澄雄　振水品崇　衣小峰リリー　補村井秀安　出ホセ・ファン・ダム／多田羅迪夫、エリザベス・コネル／渡辺美佐子　指揮＝小沢征爾　製梶本音楽事務所＋新日本フィルハーモニー交響楽団

5月　『SHOW劇'92　MASK』(劇中劇「ハムレット」演出)　場日生劇場　作ジャニー喜多川(構成・演出)　脚森泉博行　出錦織一清、東山紀之、植草克秀　製松竹＋松竹芸能

7月　『NINAGAWAマクベス』　場沖縄コンベンションセンター劇場　作シェイクスピア　訳小田島雄志　装妹尾河童　照吉井澄雄　効本間明　音甲斐正人　振花柳錦之輔　衣辻村ジュサブロー　補村井秀安　出津嘉山正種、栗原小巻　製ポイント東京

9月　『テンペスト』　場新神戸オリエンタル劇場　作シェイクスピア　訳小田島雄志　装鈴木俊朗　照原田保　効本間明　音宇崎竜童　振花柳錦之輔　衣小峰リリー　補村井秀安　出壤晴彦、藤真利子　製ポイント東京

11月　『三人姉妹』　場銀座セゾン劇場　作チェーホフ　訳湯浅芳子　修堀井康明　美朝倉摂　照原田保　効井上正弘　振水品崇　衣小峰リリー　補村井秀安　出有馬稲子、佐藤オリエ、戸川純　製銀座セゾン劇場

1993（平成5）年　58歳

▼著書『千のナイフ、千の目』刊行。

▼桐朋学園大学短期大学部芸術科演劇専攻の教授に就任。

**1月**『**1993・待つ**』場ベニサン・ピット 美中越司 照原田保 響井上正弘 演井上尊晶 出清家栄一、妹尾正文、飯田邦博 製ザ・ニナガワカンパニー

**3月** **ルネッサンス・スタジオ'93公演『春』**★ 場東京芸術劇場小ホール 脚宇野イサム 装中越司 照坂元理人 効本間俊哉 衣山田靖子 演井上尊晶 出砂塚秀夫、大石継太、大川浩樹 製ポイント東京

**5月** **ミュージカル『魔女の宅急便』**★ 場青山劇場／12月、大阪＝劇場飛天 原角野栄子 脚横内謙介 美和田平介 照原田保 響青木康雄 音宇崎竜童 詞阿木燿子 振前田清実 衣小峰リリー 補村井秀安 出工藤夕貴／飛田ほなみ、鳳蘭、赤坂晃／森且行 製関西テレビ放送

**5月**『**王女メディア**』場愛知県芸術劇場大ホール／7月、梅田芸術劇場シアター・ドラマシティ 作エウリピデス 修高橋睦郎 監朝倉摂 装中越司 照吉井澄雄 効本間明 振花柳錦之輔 衣辻村ジュサブロー 補村井秀安 出嵐徳三郎、壤晴彦／手塚秀彰、小瀬格 製ポイント東京

**9月**『**テンペスト―嵐**』場川口＝リリア・メインホール 作シェイクスピア 訳小田島雄志 装鈴木俊朗 照原田保 効本間明 音宇崎竜童 振花柳錦之輔 衣小峰リリー 補村井秀安 出壤晴彦、藤真利子 製ポイント東京

『夏の夜の夢』（1994年）

**10月**『**王女メディア**』場新宿文化センター大ホール／11月、所沢市民文化センター／福岡＝九州厚生年金会館 作エウリピデス 修高橋睦郎 監朝倉摂 装中越司 照吉井澄雄 効本間明 振花柳錦之輔 衣辻村ジュサブロー 補村井秀安 出嵐徳三郎、壤晴彦 製ポイント東京

**11月**『**血の婚礼**』場銀座セゾン劇場 作清水邦夫 装朝倉摂 照原田保 効井上正弘 衣小峰リリー 出佐藤オリエ、西岡徳馬、寺島しのぶ、北村和夫 製銀座セゾン劇場

1994（平成6）年　59歳

**4月**『**ペール・ギュント**』場銀座セゾン劇場 作イプセン　英語台本＝フランク・マクギネス 装中越司 照原田保 効本間明 音宇崎竜童 振マシュー・ボーン 衣小峰リリー 出マイケル・シーン、パオラ・ディオニゾッティ、壤晴彦 製ポイント東京＋Thelma Holt Ltd.

**4月**『**にごり江**』場大阪＝近鉄劇場 原樋口一葉 脚堀井康明 美朝倉摂 照吉井澄雄 効本間明 音宇崎竜童 詞阿木燿子 振花柳錦之輔 衣辻村ジュサブロー 出名取裕子、原田大二郎 製ポイント東京

**6月**『**夏の夜の夢**』★ 場ベニサン・ピット 作シェイクスピア 訳小田島雄志 装中越司 照原田保 響井上正弘 音宇崎竜童 振前田清実、花柳輔太朗 衣小峰リリー 出原田大二郎、白石加代子、つみきみほ、戸川京子 製「夏の夜の夢」上演実行委員会

**9月**『**オセロー**』★ 場日生劇場 作シェイクスピア 訳小田島雄志 美中越司 照原田保 響井上正弘 音宇崎竜童 衣小峰リリー 補村井秀安 出松本幸四郎、黒木瞳 製松竹

**9月**『**王女メディア**』場山梨県立県民文化ホール小ホール 作エウリピデス 修高橋睦郎 監朝倉摂 装中越司 照吉井澄雄 効本間明 振花柳錦之輔 衣辻村ジュサブロー 補村井秀安 出嵐徳三郎、原田大二郎 製ポイント東京

**10月**『**ゴドーを待ちながら**』★ 場銀座セゾン劇場 作ベケット 訳安堂信也、高橋康也 美朝倉摂 照原田保 響井上正弘 衣小峰リリー 出「男バージョン」西村晃、江守徹、沢竜二／「女バージョン」市原悦子、緑魔子、藤間紫 製銀座セゾン劇場

**11月**『**王女メディア**』場サンシャイン劇場 作エウリピデス 修高橋睦郎 監朝倉摂 装中越司 照吉井澄雄 効本間明 振花柳錦之輔 衣辻村ジュサブロー 補村井秀安 出嵐徳三郎 製松竹＋ポイント東京

1995（平成7）年　60歳

**3月** **ミュージカル『魔女の宅急便』** 場名古屋＝中日劇場／5月、広島メルパルクホール 原角野栄子 脚横内謙介 美和田平介 照原田保 響青木康雄 音宇崎竜童 詞阿木燿子 振前田清実 衣小峰リリー 補村井秀安 出小高恵美／入絵加奈子、坂本昌行／遠藤直人、鳳蘭／大原ますみ 製関西テレビ放送

**3月**『**近松心中物語―それは恋**』場大阪＝近鉄劇場 脚秋元松代 装朝倉摂 照吉井澄雄 効本間明 音猪俣公章 振花柳錦之輔 衣辻村ジュサブロー 補村井秀安 出坂東八十助、樋口可南子、勝村政信、寺島しのぶ 製ポイント東京

**8月**『**夏の夜の夢**』場大阪＝近鉄アート館 作シェイクスピア 訳小田島雄志 装中越司 照原田保 響井上正弘 音宇崎竜童 振前田清実、花柳輔太朗 衣小峰リリー 出瑳川哲朗、白石加代子、大沢たかお、つみきみほ、山下裕子 製ポイント東京

**9月**『**王女メディア**』場宮城県民会館／山形県県民会館／岩手県民会館／札幌市民会館 作エウリピデス 修高橋睦郎 監朝倉摂 装中越司 照吉井澄雄 効本間明 振花柳錦之輔 衣辻村ジュサブロー 補村井秀安 出嵐徳三郎、大和田伸也 製ポイント東京

**10月**『**ハムレット**』場銀座セゾン劇場 作シェイクスピア 訳松岡和子 美中越司 照原田保 響井上正弘 音笠松泰洋 衣小峰リリー 出真田広之、松たか子、三田和代 製銀座セゾン劇場

**10月**『**近松心中物語―それは恋**』場川口＝リリア・

『身毒丸』（1998年）

メインホール　〔脚〕秋元松代　〔美〕朝倉摂　〔照〕吉井澄雄　〔効〕本間明　〔音〕猪俣公章　〔振〕花柳錦之輔　〔衣〕辻村ジュサブロー　〔補〕村井秀安　〔出〕坂東八十助、樋口可南子　〔製〕ポイント東京＋松竹

**12月**　**『身毒丸』★**　〔場〕彩の国さいたま芸術劇場大ホール／静岡市民文化会館／大阪＝近鉄劇場／愛知県芸術劇場／96年1月、シアターコクーン／札幌市教育文化会館／2月、北海道＝音更町文化センター　〔作〕寺山修司、岸田理生　〔美〕小竹信節　〔照〕吉井澄雄　〔響〕井上正弘　〔曲〕宮川彬良　〔振〕前田清実、花柳錦之輔　〔衣〕小峰リリー　〔出〕武田真治、白石加代子　〔製〕ホリプロ＋メジャーリーグ

**1996（平成8）年　61歳**

**2月**　**『近松心中物語―それは恋』**　〔場〕名古屋＝御園座／4月、明治座　〔脚〕秋元松代　〔装〕朝倉摂　〔照〕吉井澄雄　〔効〕本間明　〔音〕猪俣公章　〔振〕花柳錦之輔　〔衣〕辻村ジュサブロー　〔補〕村井秀安　〔出〕坂東八十助、樋口可南子　〔製〕ポイント東京（御園座）／ポイント東京＋松竹（明治座）

**5月**　**ミュージカル『魔女の宅急便』**　〔場〕東京厚生年金会館大ホール／7月、福岡サンパレス／愛知厚生年金会館／大阪＝フェスティバルホール　〔原〕角野栄子　〔脚〕横内謙介　〔美〕和田平介　〔照〕原田保　〔響〕青木康雄　〔音〕宇崎竜童　〔詞〕阿木燿子　〔振〕前田清実　〔衣〕小峰リリー　〔補〕村井秀安　〔出〕持田真樹、坂本昌行／長野博／原知宏　〔製〕関西テレビ放送

**8月**　**『夏の夜の夢』**　〔場〕パナソニック・グローブ座　〔作〕シェイクスピア　〔訳〕小田島雄志　〔装〕中越司　〔照〕原田保　〔響〕井上正弘　〔音〕宇崎竜童　〔振〕前田清実、花柳錦之輔、林永彪　〔衣〕小峰リリー　〔出〕瑳川哲朗、白石加代子、大沢たかお　〔製〕ポイント東京

**10月**　**『零れる果実』★**　〔場〕シアターコクーン　〔作〕鈴江俊郎、狩場直史　〔装〕中越司　〔照〕原田保　〔響〕井上正弘　〔音〕笠松泰洋　〔衣〕小峰リリー　〔出〕田村翔子、勝村政信、松重豊　〔製〕Bunkamura

**11月**　**『1996・待つ』**　〔場〕ベニサン・ピット　〔作〕ニナガワ・カンパニー・ダッシュ　〔美〕中越司　〔照〕原田保　〔響〕井上正弘　〔演〕井上尊晶（共同構成）　〔出〕大石継太、清家栄一　〔製〕ニナガワ・カンパニー・ダッシュ

◆読売演劇大賞の最優秀演出家賞（『身毒丸』『夏の夜の夢』など）

**1997（平成9）年　62歳**

▼『昭和歌謡大全集』の稽古中に心筋梗塞の発作で緊急入院し、心臓のバイパス手術を受ける。

**3月**　**『草迷宮』★**　〔場〕彩の国さいたま芸術劇場大ホール／4月、シアターコクーン　〔原〕泉鏡花　〔脚〕岸田理生　〔美〕中越司　〔照〕吉井澄雄　〔響〕井上正弘　〔音〕宮川彬良　〔振〕前田清実、花柳錦之輔　〔衣〕河原彰　〔出〕浅丘ルリ子、田辺誠一、辰巳琢郎　〔製〕彩の国さいたま芸術劇場＋テレビ東京＋メジャーリーグ

**5月**　**『NINAGAWAマクベス』**　〔場〕大阪＝近鉄劇場　〔作〕シェイクスピア　〔訳〕小田島雄志　〔装〕妹尾河童　〔照〕吉井澄雄　〔効〕本間明　〔音〕甲斐正人　〔振〕花柳錦之輔　〔衣〕辻村ジュサブロー　〔補〕村井秀安　〔出〕北大路欣也、栗原小巻　〔製〕ポイント東京

**6月**　**『昭和歌謡大全集』★**　〔場〕銀座セゾン劇場　〔原〕村上龍　〔脚〕清水邦夫　〔美〕中越司　〔照〕原田保　〔響〕井上正弘　〔振〕前田清実　〔衣〕小峰リリー　〔出〕島田陽子、手塚理美、東ちづる、西川峰子、片桐はいり　〔製〕銀座セゾン劇場

**9月**　**『近松心中物語―それは恋』**　〔場〕大阪＝近鉄劇場／10月、北海道厚生年金会館　〔脚〕秋元松代　〔装〕朝倉摂　〔照〕吉井澄雄　〔効〕本間明　〔音〕猪俣公章　〔振〕花柳錦之輔　〔衣〕辻村ジュサブロー　〔補〕村井秀安　〔出〕坂東八十助、高橋惠子、大石継太、寺島しのぶ　〔製〕ポイント東京

**11月**　**『カルメンと呼ばれた女』★**　〔場〕帝国劇場　〔脚〕横内謙介　〔装〕堀尾幸男　〔照〕原田保　〔響〕本間明　〔振〕前田清実　〔衣〕辻村ジュサブロー、小峰リリー　〔演〕井上思　〔補〕寺崎秀臣　〔出〕浅丘ルリ子、三田村邦彦　〔製〕東宝

**11月**　**『王女メディア』**　〔場〕群馬県民会館／神戸国際会館／奈良＝薬師寺玄奘三蔵院伽藍／パルテノン多摩　〔作〕エウリピデス　〔修〕高橋睦郎　〔監〕朝倉摂　〔照〕吉井澄雄　〔効〕本間明　〔振〕花柳錦之輔　〔衣〕辻村ジュサブロー　〔補〕村井秀安　〔出〕嵐徳三郎　〔製〕ポイント東京

**12月**　**『常陸坊海尊』★**　〔場〕世田谷パブリックシアター　〔作〕秋元松代　〔装〕松井るみ　〔照〕吉井澄雄　〔効〕高都幸男　〔衣〕小峰リリー　〔演〕釜紹人　〔出〕白石加代子、寺島しのぶ　〔製〕ポイント東京

**1998（平成10）年　63歳**

▼彩の国さいたま芸術劇場の「彩の国シェイクスピア・シリーズ」の芸術監督に就任。

▼著書『蜷川幸雄の子連れ狼伝説』刊行。

**1月**　**『ロミオとジュリエット』**　〔場〕彩の国さいたま芸術劇場／2月、愛知厚生年金会館／梅田芸術劇場シアター・ドラマシティ／富山＝オーバード・ホール　〔作〕シェイクスピア　〔訳〕松岡和子　〔装〕堀尾幸男　〔照〕原田保　〔響〕井上正弘　〔振〕前田清実　〔衣〕小峰リリー　〔出〕大沢たかお、佐藤藍子、片桐はいり、渡辺哲、団時朗、二宮さよ子　〔製〕彩の国さいたま芸術劇場＋ホリプロ

**3月**　**『ハムレット』**　〔場〕銀座セゾン劇場／4月、梅田芸術劇場シアター・ドラマシティ／札幌市教育文化会館大ホール／5月、メルパルクホール福岡／広島アステールプラザ大ホール／愛知厚生年金会館／静岡市民文化会館大ホール　〔作〕シェイクスピア　〔訳〕松岡和子　〔美〕中越司　〔照〕原田保　〔響〕井上正弘　〔音〕笠松泰洋　〔衣〕小峰リリー　〔出〕真田広之、松たか子　〔製〕銀座セゾン劇場＋スペースポンド＋関西テレビ放送

**3月**　**『近松心中物語―それは恋』**　〔場〕明治座　〔脚〕秋元松代　〔装〕朝倉摂　〔照〕吉井澄雄　〔効〕本間明　〔音〕猪俣公章　〔振〕花柳錦之輔　〔衣〕辻村ジュサブロー　〔補〕村井秀安　〔出〕坂東八十助、高橋惠子　〔製〕ポイント東京＋松竹

**5月**『**王女メディア**』場世田谷パブリックシアター／7月、大阪＝近鉄劇場 作エウリピデス 修高橋睦郎 監朝倉摂 装中越司 照吉井澄雄 効本間明 振花柳錦之輔 衣辻村ジュサブロー 補村井秀安 出平幹二朗、大和田伸也／菅生隆之、近藤洋介／三木敏彦 製ポイント東京

**6月**『**1998・待つ**』場ベニサン・ピット 美中越司 照原田保 響井上正弘 振広崎うらん、佐々木信彦 演井上尊晶 出堀文明、髙橋洋 製ニナガワ・カンパニー・ダッシュ

**6月**『**身毒丸**』場彩の国さいたま芸術劇場／7月、シアターコクーン／愛知県芸術劇場／8月、広島郵便貯金ホール／富山＝オーバード・ホール／アクトシティ浜松／大阪＝近鉄劇場／石川厚生年金会館／宮城県民会館 作寺山修司、岸田理生 美小竹信節 照吉井澄雄 響井上正弘 曲宮川彬良 振前田清実、花柳錦之輔 衣小峰リリー 出藤原竜也、白石加代子 製ホリプロ＋メジャーリーグ

**9月**『**王女メディア**』場姫路市文化センター／香川県県民ホール／鳥取県立県民文化会館 作エウリピデス 修高橋睦郎 監朝倉摂 装中越司 照吉井澄雄 効本間明 振花柳錦之輔 衣辻村ジュサブロー 補村井秀安 出嵐徳三郎、大和田伸也、平野稔 製ポイント東京

**10月**『**十二夜**』★ 場彩の国さいたま芸術劇場小ホール 作シェイクスピア 訳松岡和子 装中越司 照岩品武顕 響井上正弘 音笠松泰洋 衣小峰リリー 出冨樫真、鶴見辰吾、宮本裕子 製彩の国さいたま芸術劇場＋ホリプロ

**10月**『**NINAGAWAマクベス**』場滋賀＝びわ湖ホール／11月、北海道厚生年金会館／川口＝リリア・メインホール 作シェイクスピア 訳小田島雄志 装妹尾河童 照吉井澄雄 効本間明 音甲斐正人 振花柳錦之輔 衣辻村ジュサブロー 補村井秀安 出北大路欣也、栗原小巻 製ポイント東京

**12月**『**元禄港歌―千年の恋の森**』場名古屋＝御園座 作秋元松代 装朝倉摂 照吉井澄雄 効本間明 音猪俣公章 振花柳錦之輔 衣辻村ジュサブロー 演村井秀安 出平幹二朗、富司純子、原田大二郎、光本幸子 製ポイント東京

**12月**『**にごり江**』場帝国劇場 原樋口一葉 脚堀井康明 装朝倉摂 照吉井澄雄 効本間明 音宇崎竜童 詞阿木燿子 振花柳錦之輔 衣辻村ジュサブロー 補井川思 出浅丘ルリ子、田中健 製東宝

**1999（平成11）年　64歳**

▼Bunkamuraシアターコクーンの芸術監督に就任。

▼著書『蜷川幸雄・闘う劇場』刊行。

**2月**『**近松心中物語―それは恋**』場名古屋＝御園座 脚秋元松代 装朝倉摂 照吉井澄雄 効本間明 音猪俣公章 振花柳錦之輔 衣辻村ジュサブロー 演村井秀安 出坂東八十助、高橋惠子 製ポイント東京＋松竹

**2月**『**リチャード三世**』★ 場彩の国さいたま芸術劇場大ホール／3月、梅田芸術劇場シアター・ドラマシティ／愛知県芸術劇場 作シェイクスピア 訳松岡和子 美堀尾幸男 照原田保 響井上正弘 音宇崎竜童 衣小峰リリー 出市村正親、久世星佳 製彩の国さいたま芸術劇場＋ホリプロ

**3月**『**元禄港歌―千年の恋の森**』場明治座／4月、大阪＝近鉄劇場 作秋元松代 装朝倉摂 照吉井澄雄、成瀬一裕 効本間明 音猪俣公章 振花柳錦之輔 衣辻村ジュサブロー 演村井秀安 出平幹二朗、富司純子 製ポイント東京

**3月**『**かもめ**』★ 場STUDIOコクーン／4月、水戸芸術館ACM百人劇場 作チェーホフ 訳小田島雄志 美中越司 照原田保 響井上正弘 衣小峰リリー 出原田美枝子、筒井康隆、宮本裕子 製Bunkamura

**6月**『**血の婚礼**』場ベニサン・ピット 作清水邦夫 美中越司 照原田保 響井上正弘 衣紅林美帆 演井上尊晶 出清家栄一、難波真奈美、鈴木豊 製ニナガワ・カンパニー・ダッシュ

**9月**『**リア王**』（日英合作）場彩の国さいたま芸術劇場大ホール 作シェイクスピア 美堀尾幸男 照原田保 響井上正弘 音宇崎竜童 振花柳輔太朗 衣小峰リリー 補デヴィッド・ハント 出ナイジェル・ホーソン、真田広之 製彩の国さいたま芸術劇場＋ホリプロ＋ポイント東京

**10月**『**王女メディア**』場滋賀＝びわ湖ホール／宮崎県立芸術劇場演劇ホール／なら100年会館／大阪＝河内長野市文化会館ラブリーホール 作エウリピデス 修高橋睦郎 監朝倉摂 装中越司 照吉井澄雄 効本間明 振花柳錦之輔 衣辻村寿三郎 補村井秀安 出嵐徳三郎、大友龍三郎 製ポイント東京

**11月**『**パンドラの鐘**』★ 場シアターコクーン 作野田秀樹 美中越司 照原田保 響井上正弘 音宇崎竜童 衣小峰リリー 出大竹しのぶ、勝村政信、生瀬勝久、森村泰昌 製Bunkamura

**11月**『**王女メディア**』場メルパルクホール福岡 作エウリピデス 修高橋睦郎 監朝倉摂 装中越司 照吉井澄雄 効本間明 振花柳錦之輔 衣辻村寿三郎 補村井秀安 出平幹二朗 製ポイント東京

◆朝日賞（1999年度）

◆毎日芸術賞（1999年度）

◆松尾芸能賞

**2000（平成12）年　65歳**

**1月**『**唐版 滝の白糸**』場シアターコクーン 作唐十郎 美朝倉摂 照原田保 響井上正弘 振花柳輔太朗 衣小峰リリー 出富司純子、藤原竜也、西岡徳馬

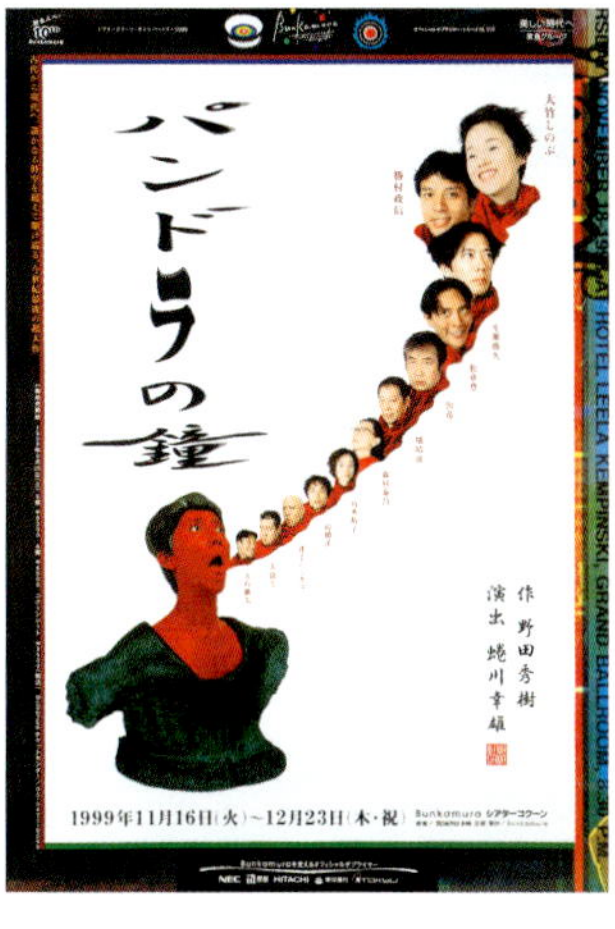


『パンドラの鐘』(1999年)

製Bunkamura
**3月**『三人姉妹』場大阪＝近鉄アート館／STUDIOコクーン／4月、水戸芸術館ACM百人劇場／彩の国さいたま芸術劇場小ホール 作チェーホフ 訳小田島雄志 装中越司 照原田保 響井上正弘 振広崎うらん 衣小峰リリー 出松本典子、原田美枝子、川本絢子 製Bunkamura
**4月**『夏の夜の夢』場彩の国さいたま芸術劇場大ホール／5月、大阪＝近鉄劇場／新潟＝りゅーとぴあ／6月、愛知＝長久手町文化の家 森のホール 作シェイクスピア 訳小田島雄志 装中越司 照原田保 響井上正弘 音宇崎竜童 振前田清実、花柳輔太朗 衣小峰リリー 出瑳川哲朗、白石加代子 製ポイント東京
**5月**『テンペスト―佐渡の能舞台でのリハーサル』場彩の国さいたま芸術劇場大ホール／6月、大阪＝近鉄劇場／7月、富山＝オーバード・ホール／メルパルクホール福岡 作シェイクスピア 訳松岡和子（訳詞＝小田島雄志） 装鈴木俊朗 照原田保 効本間明 音宇崎竜童 振花柳錦之輔 衣小峰リリー 補村井秀安 出平幹二朗、寺島しのぶ 製ポイント東京
**9月**『グリークス』★ 場シアターコクーン／愛知県勤労会館／10月、梅田芸術劇場シアター・ドラマシティ 原エウリピデス、ホメロス、アイスキュロス、ソフォクレス 脚ジョン・バートン、ケネス・カヴァンダー 訳吉田美枝 美中越司 照原田保 響井上正弘 音笠松泰洋 振花柳輔太朗 衣小峰リリー 出平幹二朗、白石加代子、麻実れい、南果歩、尾上菊之助、寺島しのぶ 製Bunkamura
**10月**『近代能楽集 卒塔婆小町／弱法師』場彩の国さいたま芸術劇場大ホール／11月、アクトシティ浜松大ホール／滋賀＝びわ湖ホール中ホール／愛知県勤労会館／梅田芸術劇場シアター・ドラマシティ 作三島由紀夫 装金森馨（原案）、中越司 照原田保 響井上正弘 振広崎うらん 衣小峰リリー 出『卒塔婆小町』壤晴彦、髙橋洋／『弱法師』藤原竜也、髙橋惠子 製彩の国さいたま芸術劇場＋ホリプロ
**11月**『NINAGAWA 火の鳥』★ 場さいたまスーパーアリーナ 原手塚治虫 脚横内謙介 美堀尾幸男 照原田保 響井上正弘 音武部聡志 振前田清実、青木美保 衣小峰リリー 補井上思、村井秀安 出今井絵理子、MAKOTO、いかりや長介 製ハンズオン・エンタテインメント＋舞プロモーション＋スペースポンド
**12月**『元禄港歌―千年の恋の森』場川口＝リリア・メインホール 作秋元松代 装朝倉摂 照吉井澄雄、成瀬一裕 効本間明 音猪俣公章 振花柳錦之輔 衣辻村寿三郎 演村井秀安 出平幹二朗、富司純子 製ポイント東京
◆紀伊國屋演劇賞個人賞（『グリークス』の演出）
◆読売演劇大賞で大賞・最優秀作品賞（『グリークス』）、最優秀演出家賞（『グリークス』『テンペスト』の演出）

**2001（平成13）年　66歳**
▼紫綬褒章
**1月**『真情あふるる軽薄さ2001』場シアターコクーン 作清水邦夫 美中越司 照原田保 響井上正弘 振広崎うらん 衣小峰リリー 出髙橋洋、鶴田真由、古田新太 製Bunkamura
**1月**『近松心中物語―それは恋』場大阪＝近鉄劇場／3月、明治座 脚秋元松代 装朝倉摂 照吉井澄雄、成瀬一裕 効本間明 音猪俣公章 振花柳錦之輔 衣辻村寿三郎 補村井秀安 出平幹二朗、富司純子／髙橋惠子、菅野菜保之、二木てるみ 製ポイント東京
**3月**『マクベス』場彩の国さいたま芸術劇場大ホール／シアターコクーン 作シェイクスピア 訳松岡和子 装中越司 照原田保 響井上正弘 衣小峰リリー 出唐沢寿明、大竹しのぶ 製埼玉県芸術文化振興財団＋ホリプロ
**7月**『近代能楽集 卒塔婆小町／弱法師』場彩の国さいたま芸術劇場大ホール／新潟＝りゅーとぴあ／梅田芸術劇場シアター・ドラマシティ／シアターコクーン 作三島由紀夫 装金森馨（原案）、中越司 照原田保 響井上正弘 振広崎うらん 衣小峰リリー 出『卒塔婆小町』壤晴彦、横田栄司／『弱法師』藤原竜也、髙橋惠子 製ホリプロ
**7月**『音楽劇 三文オペラ』場シアターコクーン／8月、梅田芸術劇場シアター・ドラマシティ／彩の国さいたま芸術劇場大ホール 作ブレヒト 訳池内紀 美中越司 照原田保 響井上正弘 詞岡本おさみ 振広崎うらん 衣竹内昭、中西妙佳 出鹿賀丈史、瑳川哲朗、大浦みずき、キム・ヨンジャ 製Bunkamura
**9月**『ハムレット』場彩の国さいたま芸術劇場小ホール／10月、愛知＝長久手町文化の家 森のホール／大阪＝MIDシアター／水戸芸術館ACM百人劇場 作シェイクスピア 訳松岡和子 装中越司 照原田保 響井上正弘 衣小峰リリー 出市村正親、篠原涼子 製埼玉県芸術文化振興財団＋ホリプロ
**10月**『2001・待つ』場ベニサン・ピット 作ニナガワ・カンパニー・ダッシュ 美中越司 照原田保 響井上正弘 衣紅林美帆 演井上尊晶 出大石継太、清家栄一 製ニナガワ・カンパニー・ダッシュ
**12月**『四谷怪談』★ 場シアターコクーン 作鶴屋南北 美金井勇一郎 照原田保 響井上正弘 音東京スカパラダイスオーケストラ 振花柳錦之輔 衣小峰リリー 出竹中直人、藤真利子、広末涼子、高嶋政伸、村上淳 製Bunkamura

**2002（平成14）年　67歳**
▼英国名誉大英勲章第三位（CBE）
▼映画『青の炎』を監督（貴志祐介原作、蜷川と宮脇卓司脚本、二宮和也、松浦亜弥ら出演）。
**1月**『身毒丸』場彩の国さいたま芸術劇場大ホール／2月、大阪＝近鉄劇場／愛知厚生年金会館／仙台＝イズミティ21大ホール／3月、新潟＝りゅーとぴあ／シアターコクーン 作寺山修司、岸田理生 美小竹信節 照吉井澄雄 響井上正弘 曲宮川彬良 振前田清実、花柳錦之輔 衣小峰リリー 出藤原竜也、白石加代子 製埼玉県芸術文化振興財団＋ホリプロ＋メジャーリーグ
**5月**『欲望という名の電車』★ 場シアターコクーン／6月、梅田芸術劇場シアター・ドラマシティ 作テ

ネシー・ウィリアムズ 訳小田島恒志 美中越司 照原田保 響井上正弘 衣黒須はな子 出大竹しのぶ、堤真一、寺島しのぶ 製Bunkamura

**6月**『**オイディプス王**』 場シアターコクーン／7月、新潟＝りゅーとぴあ／梅田芸術劇場シアター・ドラマシティ 作ソフォクレス 訳山形治江 美中越司 照原田保 響井上正弘 音東儀秀樹 振花柳錦之輔 衣前田文子 出野村萬斎、麻実れい、吉田鋼太郎 製Bunkamura

**8月**『**夏の夜の夢**』 場シアターコクーン／9月、滋賀＝びわ湖ホール／新潟＝りゅーとぴあ／福岡＝筑紫女学園 作シェイクスピア 訳小田島雄志 装中越司 照原田保 響井上正弘 音宇崎竜童 振前田清実、花柳輔太朗、林永彪 衣小峰リリー 出瑳川哲朗、白石加代子 製ポイント東京

**10月**『**マクベス**』 場シアターコクーン／11月、大阪＝近鉄劇場 作シェイクスピア 訳松岡和子 装中越司 照原田保 響井上正弘 衣小峰リリー 出唐沢寿明、大竹しのぶ 製ホリプロ

## 2003(平成15)年 68歳

▼桐朋学園大学短期大学部（現・桐朋学園芸術短期大学）の学長に就任。

▼映画『嗤う伊右衛門』を監督（京極夏彦原作、筒井ともみ脚本、唐沢寿明、小雪ら出演）。

**1月**『**桜の園**』★ 場シアターコクーン／2月、梅田芸術劇場シアター・ドラマシティ 作チェーホフ 訳小田島雄志 美中越司 照原田保 響井上正弘 振夏貴陽子 衣小峰リリー 出麻実れい、香川照之、京野ことみ、牧瀬里穂、毬谷友子 製Bunkamura

『ハムレット』（2003年）

**2月**『**ペリクリーズ**』★ 場彩の国さいたま芸術劇場大ホール／4月、梅田芸術劇場シアター・ドラマシティ／新潟＝りゅーとぴあ 作シェイクスピア 訳松岡和子 装中越司 照原田保 響井上正弘 音笠松泰洋 振前田清実、花柳錦之輔 衣小峰リリー 出内野聖陽、田中裕子、市村正親、白石加代子 製埼玉県芸術文化振興財団＋ホリプロ

**9月**『**エレクトラ**』★ 場シアターコクーン 作ソフォクレス 訳山形治江 美中越司 照原田保 響井上正弘 振花柳錦之輔 衣前田文子 出大竹しのぶ、岡田准一、波乃久里子 製Bunkamura

**11月**『**ハムレット**』 場シアターコクーン 作シェイクスピア 訳河合祥一郎 美中越司 照原田保 響井上正弘 衣前田文子 出藤原竜也、鈴木杏、井上芳雄、小栗旬 製Bunkamura

**12月**『**リチャード三世**』 場日生劇場／2004年1月、新潟＝りゅーとぴあ／梅田芸術劇場シアター・ドラマシティ／北九州芸術劇場大ホール 作シェイクスピア 訳松岡和子 装堀尾幸男 照原田保 響井上正弘 音宇崎竜童 衣小峰リリー 出市村正親、夏木マリ、香寿たつき 製ホリプロ

◆『ペリクリーズ』が朝日舞台芸術賞グランプリ

## 2004(平成16)年 69歳

▼文化功労者に選ばれる。

**1月**『**タイタス・アンドロニカス**』★ 場彩の国さいたま芸術劇場大ホール／2月、梅田芸術劇場シアター・ドラマシティ／メルパルクホール福岡 作シェイクスピア 訳松岡和子 装中越司 照原田保 響井上正弘 音笠松泰洋 衣小峰リリー 出吉田鋼太郎、麻実れい、岡本健一 製埼玉県芸術文化振興財団＋ホリプロ

**2月**『**新・近松心中物語～それは恋～**』★ 場名古屋＝御園座／3月、日生劇場／2005年1月、福岡＝博多座 脚秋元松代 装朝倉摂 照吉井澄雄 効本間明 音宇崎竜童 振花柳錦之輔 衣辻村寿三郎 神石丸さち子 出阿部寛、寺島しのぶ、田辺誠一、須藤理彩 製ポイント東京

**3月**『**シブヤから遠く離れて**』★ 場シアターコクーン 作岩松了 美中越司 照原田保 響井上正弘 衣黒須はな子 出二宮和也、小泉今日子、杉本哲太 製Bunkamura

**5月**『**オイディプス王**』 場シアターコクーン／6月、メルパルクホール福岡 作ソフォクレス 訳山形治江 美中越司 照原田保 響井上正弘 音東儀秀樹 振花柳錦之輔 衣前田文子 出野村萬斎、麻実れい、吉田鋼太郎 製Bunkamura

**8月**『**お気に召すまま**』★ 場彩の国さいたま芸術劇場大ホール 作シェイクスピア 訳松岡和子 装中越司 照原田保 響井上正弘 音笠松泰洋 振広崎うらん 衣宮本宣子 出成宮寛貴、小栗旬、高橋洋、月川勇気 製埼玉県芸術文化振興財団＋ホリプロ

**12月**『**ロミオとジュリエット**』 場日生劇場／2005年1月、愛知厚生年金会館／広島厚生年金会館／2月、北九州芸術劇場大ホール／新潟＝りゅーとぴあ／富山＝オーバード・ホール／仙台市民会館大ホール 作シェイクスピア 訳松岡和子 装中越司 照原田保 響井上正弘 音笠松泰洋 振夏貴陽子 衣小峰リリー 出藤原竜也、鈴木杏 製ホリプロ

## 2005(平成17)年 70歳

▼英国の経済と文化に功績のあった人に贈られるウォルポール・メダル

**2月**『**幻に心もそぞろ狂おしのわれら将門**』★ 場シアターコクーン 作清水邦夫 美中越司 照原田保 響井上正弘 音笠松泰洋 衣前田文子 出堤真一、木村佳乃、段田安則、中嶋朋子、髙橋洋 製Bunkamura

**4月**『**KITCHEN**』★ 場シアターコクーン 作アーノルド・ウェスカー 訳小田島雄志 美中越司 照原田保 響井上正弘 振広崎うらん 衣中西亜希子、

紅林美帆、伊藤まり、杉田かおる、勝地涼、長谷川博己 〔製〕Bunkamura

**5月**『**メディア**』〔場〕シアターコクーン 〔作〕エウリピデス 〔訳〕山形治江 〔美〕中越司 〔照〕原田保 〔響〕井上正弘 〔音〕笠松泰洋 〔振〕夏貴陽子 〔衣〕前田文子 〔出〕大竹しのぶ、生瀬勝久、吉田鋼太郎 〔製〕Bunkamura

**6月**『**近代能楽集　卒塔婆小町／弱法師**』〔場〕彩の国さいたま芸術劇場大ホール／新潟＝りゅーとぴあ／愛知県勤労会館／7月、大阪＝シアターBRAVA！ 〔作〕三島由紀夫 〔装〕金森馨（原案）、中越司 〔照〕原田保 〔響〕井上正弘 〔振〕広崎うらん 〔衣〕小峰リリー 〔出〕『卒塔婆小町』壌晴彦、髙橋洋／『弱法師』藤原竜也、夏木マリ 〔製〕ホリプロ

**7月**『**NINAGAWA十二夜**』★ 〔場〕歌舞伎座 〔作〕シェイクスピア 〔訳〕小田島雄志 〔脚〕今井豊茂 〔装〕金井勇一郎 〔照〕原田保 〔響〕田中剛二 〔音〕笠松泰洋 〔振〕藤間豊之助 〔出〕尾上菊之助、中村時蔵、市川左團次、市川亀治郎、尾上菊五郎 〔製〕松竹

**9月**『**天保十二年のシェイクスピア**』★ 〔場〕シアターコクーン／10月、大阪＝シアターBRAVA！ 〔作〕井上ひさし 〔美〕中越司 〔照〕原田保 〔響〕井上正弘 〔音〕宇崎竜童 〔振〕前田清実 〔衣〕前田文子 〔出〕唐沢寿明、藤原竜也、篠原涼子、夏木マリ、高橋惠子 〔製〕Bunkamura

◆菊池寛賞（『NINAGAWA十二夜』において、シェイクスピアと歌舞伎を見事に融合させた画期的な舞台を創造。歌舞伎の可能性を飛躍させた演出に対して）

◆05年の成果で朝日舞台芸術賞特別大賞

◆読売演劇大賞の大賞・最優秀演出家賞（『天保十二年のシェイクスピア』などの演出）

## 2006（平成18）年　71歳

▼「彩の国さいたま芸術劇場」芸術監督に就任。

▼「さいたまゴールド・シアター」発足。

**2月**『**間違いの喜劇**』★ 〔場〕彩の国さいたま芸術劇場大ホール／梅田芸術劇場シアター・ドラマシティ／3月、メルパルクホール福岡／愛知県勤労会館 〔作〕シェイクスピア 〔訳〕松岡和子 〔美〕中越司 〔照〕原田保 〔響〕井上正弘 〔音〕笠松泰洋 〔振〕青木美保 〔衣〕宮本宣子 〔出〕小栗旬、髙橋洋、内田滋、月川悠貴 〔製〕埼玉県芸術文化振興財団＋ホリプロ

**4月**『**タイタス・アンドロニカス**』〔場〕彩の国さいたま芸術劇場大ホール／5月、富山＝オーバード・ホール／梅田芸術劇場シアター・ドラマシティ／6月、新潟＝りゅーとぴあ 〔作〕シェイクスピア 〔訳〕松岡和子 〔美〕中越司 〔照〕原田保 〔響〕井上正弘 〔音〕笠松泰洋 〔衣〕小峰リリー 〔出〕吉田鋼太郎、麻実れい、小栗旬 〔製〕ホリプロ

**5月**『**白夜の女騎士**』★ 〔場〕シアターコクーン 〔作〕野田秀樹 〔美〕中越司 〔照〕原田保 〔響〕井上正弘 〔音〕朝比奈尚行 〔振〕広崎うらん 〔衣〕小峰リリー 〔出〕松本潤、鈴木杏、勝村政信 〔製〕Bunkamura

**7月**『**あわれ彼女は娼婦**』★ 〔場〕シアターコクーン／8月、大阪＝シアターBRAVA！ 〔作〕ジョン・フォード 〔訳〕小田島雄志 〔美〕中越司 〔照〕原田保 〔響〕井上正弘 〔振〕夏貴陽子 〔衣〕前田文子 〔出〕三上博史、深津絵里、谷原章介 〔製〕Bunkamura

**7月　さいたまゴールド・シアター『Pro-cess～途上～』**★ 〔場〕彩の国さいたま芸術劇場大稽古場 〔美〕安津満美子 〔照〕岩品武顕 〔響〕市川悟 〔衣〕小峰リリー 〔演〕井上尊晶 〔出〕さいたまゴールド・シアター、原田琢磨、前川遙子 〔製〕埼玉県芸術文化振興財団

**9月**『**オレステス**』★ 〔場〕シアターコクーン／10月、梅田芸術劇場シアター・ドラマシティ／愛知厚生年金会館 〔作〕エウリピデス 〔訳〕山形治江 〔美〕中越司 〔照〕原田保 〔響〕井上正弘 〔音〕池上知嘉子 〔振〕広崎うらん 〔衣〕小峰リリー 〔出〕藤原竜也、中嶋朋子 〔製〕ホリプロ

**11月**『**タンゴ・冬の終わりに**』〔場〕シアターコクーン 〔作〕清水邦夫 〔美〕中越司 〔照〕原田保 〔響〕井上正弘 〔振〕広崎うらん 〔衣〕小峰リリー 〔出〕堤真一、秋山菜津子、常盤貴子、段田安則 〔製〕Bunkamura

**12月　さいたまゴールド・シアター “Pro-cess2”『鴉よ、おれたちは弾丸をこめる』** 〔場〕彩の国さいたま芸術劇場大稽古場 〔作〕清水邦夫 〔美〕安津満美子 〔照〕岩品武顕 〔響〕市川悟 〔衣〕小峰リリー 〔演〕井上尊晶 〔出〕さいたまゴールド・シアター、石田佳央、原田琢磨 〔製〕埼玉県芸術文化振興財団

## 2007（平成19）年　72歳

▼新宿文化に貢献した人に贈られる花園賞

**1月**『**コリオレイナス**』★ 〔場〕彩の国さいたま芸術劇場大ホール／2月、梅田芸術劇場シアター・ドラマシティ／メルパルクホール福岡／3月、愛知厚生年金会館 〔作〕シェイクスピア 〔訳〕松岡和子 〔美〕中越司 〔照〕原田保 〔響〕井上正弘 〔音〕笠松泰洋 〔衣〕小峰リリー 〔出〕唐沢寿明、白石加代子、勝村政信、香寿たつき 〔製〕埼玉県芸術文化振興財団＋ホリプロ

**2月**『**ひばり**』★ 〔場〕シアターコクーン 〔作〕ジャン・アヌイ 〔訳〕岩切正一郎 〔美〕中越司 〔照〕原田保 〔響〕井上正弘 〔音〕池上知嘉子 〔衣〕前田文子 〔出〕松たか子、益岡徹 〔製〕Bunkamura

**3月**『**恋の骨折り損**』★ 〔場〕彩の国さいたま芸術劇場大ホール／4月、大阪＝シアターBRAVA！／愛知県勤労会館／5月、北九州芸術劇場大ホール 〔作〕シェイクスピア 〔訳〕松岡和子 〔美〕中越司 〔照〕原田保 〔響〕井上正弘 〔音〕笠松泰洋 〔振〕広崎うらん 〔衣〕宮本宣子 〔出〕北村一輝、姜暢雄、窪塚俊介、月川悠貴 〔製〕埼玉県芸術文化振興財団＋ホリプロ

**5月**『**藪原検校**』★ 〔場〕シアターコクーン／6月、大阪＝シアターBRAVA！ 〔作〕井上ひさし 〔美〕中越司 〔照〕原田保 〔響〕井上正弘 〔音〕宇崎竜童 〔振〕花柳錦之輔 〔衣〕前田文子 〔出〕古田新太、田中裕子、段田安則 〔製〕ホリプロ＋Bunkamura

**6月**『**NINAGAWA十二夜**』〔場〕福岡＝博多座／7月、歌舞伎座 〔作〕シェイクスピア 〔訳〕小田島雄志 〔脚〕今井豊茂 〔装〕金井勇一郎 〔照〕原田保 〔響〕田中剛二 〔音〕笠松泰洋 〔振〕尾上青楓 〔出〕尾上菊之助、中村時蔵 〔製〕松竹

**6月　さいたまゴールド・シアター第1回公演『船上のピクニック』**★ 〔場〕彩の国さいたま芸術劇場小ホール 〔作〕岩松了 〔美〕安津満美子 〔照〕岩品武顕 〔響〕市川悟 〔振〕広崎うらん 〔衣〕小峰リリー 〔演〕井上尊晶 〔出〕さいたまゴールド・シアター 〔製〕埼玉県芸術文化振興財団

**7月『お気に召すまま』** 場シアターコクーン／8月、梅田芸術劇場シアター・ドラマシティ／静岡市民文化会館大ホール／仙台＝イズミティ21大ホール 作シェイクスピア 訳松岡和子 美中越司 照原田保 響井上正弘 音笠松泰洋 振広崎うらん 衣宮本宣子 出成宮寛貴、小栗旬 製ホリプロ

**8月『エレンディラ』★** 場彩の国さいたま芸術劇場大ホール／9月、愛知厚生年金会館／大阪＝シアターBRAVA! 原ガルシア・マルケス 脚坂手洋二 美中越司 照原田保 響井上正弘 音マイケル・ナイマン 振広崎うらん 衣前田文子 出瑳川哲朗、中川晃教、美波、國村隼 製埼玉県芸術文化振興財団＋ホリプロ

**10月『オセロー』** 場彩の国さいたま芸術劇場大ホール／富山＝オーバード・ホール／11月、北九州芸術劇場大ホール／愛知県勤労会館／梅田芸術劇場シアター・ドラマシティ 作シェイクスピア 訳松岡和子 美中越司 照岩品武顕 響井上正弘 音かみむら周平 衣小峰リリー 出吉田鋼太郎、蒼井優 製埼玉県芸術文化振興財団＋ホリプロ

**11月『カリギュラ』★** 場シアターコクーン／12月、大阪＝シアターBRAVA! 作アルベール・カミュ 訳岩切正一郎 美中越司 照大島祐夫 響鹿野英之 音朝比奈尚行 振青木美保 衣小峰リリー 補井上尊晶 出小栗旬、勝地涼、長谷川博己、若村麻由美、横田栄司 製Bunkamura

**2008（平成20）年 73歳**

▼映画『蛇にピアス』監督（金原ひとみ原作、蜷川と宮脇卓也脚本、吉高由里子、高良健吾ら出演）。

**1月『リア王』** 場彩の国さいたま芸術劇場大ホール／2月、梅田芸術劇場シアター・ドラマシティ 作シェイクスピア 訳松岡和子 美中越司 照勝柴次朗 響井上正弘 音阿部海太郎 衣小峰リリー 補井上尊晶 出平幹二朗、内山理名、とよた真帆、銀粉蝶 製埼玉県芸術文化振興財団＋ホリプロ

**2月『身毒丸』** 場愛知厚生年金会館／梅田芸術劇場シアター・ドラマシティ／3月、彩の国さいたま芸術劇場大ホール 作寺山修司、岸田理生 美小竹信節 照吉井澄雄 響井上正弘 曲宮川彬良 振前田清実、花柳錦之輔 衣小峰リリー 補井上尊晶 出藤原竜也、白石加代子 製ホリプロ＋メジャーリーグ

**3月『さらば、わが愛 覇王別姫』★** 場シアターコクーン／4月、梅田芸術劇場シアター・ドラマシティ 原李碧華 脚岸田理生 美中越司 照勝柴次朗 響井上正弘 音宮川彬良 振広崎うらん 衣前田文子 補井上尊晶 出東山紀之、遠藤憲一、木村佳乃 製日本テレビ＋Bunkamura

**3月 さいたまゴールド・シアター“Pro-cess3”『想い出の日本一萬年』** 場彩の国さいたま芸術劇場大稽古場 作清水邦夫 美安津満美子 照岩品武顕 響市川悟 衣小峰リリー 補井上尊晶 出さいたまゴールド・シアター 製埼玉県芸術文化振興財団

**5月『わが魂は輝く水なり』★** 場シアターコクーン 作清水邦夫 美中越司 照大島祐夫 響友部秋一（選曲） 音かみむら周平 衣小峰リリー 補井上尊晶 出野村萬斎、尾上菊之助 製Bunkamura

**5月 さいたまゴールド・シアター第2回公演『95kgと97kgのあいだ』** 場彩の国さいたま芸術劇場大稽古場 作清水邦夫 美安津満美子 照岩品武顕 響市川悟 振広崎うらん 衣小峰リリー 補井上尊晶 出さいたまゴールド・シアター、ニナガワ・スタジオ、横田栄司 製埼玉県芸術文化振興財団

**7月『道元の冒険』★** 場シアターコクーン／8月、大阪＝シアターBRAVA! 作井上ひさし 美中越司 照山口暁 響井上正弘 音伊藤ヨタロウ 振前田清実 衣小峰リリー 補井上尊晶 出阿部寛、北村有起哉、横山めぐみ 製Bunkamura

**8月『音楽劇 ガラスの仮面』★** 場彩の国さいたま芸術劇場大ホール／大阪＝シアターBRAVA!／9月、北九州芸術劇場大ホール 原美内すずえ 脚青木豪 美中越司 照室伏生大 響井上正弘 音寺嶋民哉 振広崎うらん 衣宮本宣子 補石丸さち子、井上尊晶 出大和田美帆、奥村佳恵、夏木マリ 製日本テレビ＋北九州市芸術文化振興財団＋埼玉県芸術文化振興財団＋電通

**10月『から騒ぎ』★** 場彩の国さいたま芸術劇場大ホール／新潟＝りゅーとぴあ／11月、愛知県勤労会館／梅田芸術劇場シアター・ドラマシティ 作シェイクスピア 訳松岡和子 美中越司 照大島祐夫 響井上正弘 音阿部海太郎 振広崎うらん 衣宮本宣子 補井上尊晶 出小出恵介、高橋一生、長谷川博己、月川悠貴 製埼玉県芸術文化振興財団＋ホリプロ

**11月『表裏源内蛙合戦』★** 場シアターコクーン／12月、大阪＝シアターBRAVA! 作井上ひさし 美中越司 照室伏生大 響鹿野英之 音朝比奈尚行 振広崎うらん 衣小峰リリー 補井上尊晶 出上川隆也、勝村政信、高岡早紀、豊原功補 製Bunkamura

**2009（平成21）年 74歳**

▼6月、軽い脳梗塞で1週間入院。
▼「さいたまネクスト・シアター」発足。
▼英国プリマス大学から名誉博士号授与。
▼埼玉県民栄誉章

**1月『冬物語』★** 場彩の国さいたま芸術劇場大ホール／2月、仙台＝イズミティ21／梅田芸術劇場シアター・ドラマシティ 作シェイクスピア 訳松岡和子 美中越司 照勝柴次朗 響井上正弘 音阿部海太郎 振広崎うらん 衣小峰リリー 補井上尊晶 出唐沢寿明、田中裕子 製埼玉県芸術文化振興財団＋ホリプロ

**3月『ムサシ』★** 場彩の国さいたま芸術劇場大ホー

『カリギュラ』（2007年）

ル／4月、梅田芸術劇場シアター・ドラマシティ 【作】井上ひさし 【美】中越司 【照】勝柴次朗 【響】井上正弘 【音】宮川彬良 【振】広崎うらん、花柳錦之輔 【衣】小峰リリー 【補】井上尊晶 【出】藤原竜也、小栗旬、白石加代子、吉田鋼太郎、辻萬長、鈴木杏 【製】ホリプロ

**3月 さいたまゴールド・シアター『95kgと97kgのあいだ』** 【場】にしすがも創造舎 【作】清水邦夫 【出】さいたまゴールド・シアター、ニナガワ・スタジオ、横田栄司 【製】埼玉県芸術文化振興財団

**5月『雨の夏、三十人のジュリエットが還ってきた』** 【場】シアターコクーン 【作】清水邦夫 【美】中越司 【照】室伏生大 【響】井上正弘 【音】門司肇 【振】広崎うらん 【衣】小峰リリー 【補】井上尊晶 【出】鳳蘭、三田和代、古谷一行 【製】Bunkamura

**6月『NINAGAWA十二夜』** 【場】新橋演舞場／7月、大阪松竹座 【作】シェイクスピア 【訳】小田島雄志 【脚】今井豊茂 【装】金井勇一郎 【照】勝柴次朗 【響】田中剛二 【音】笠松泰洋 【振】尾上青楓 【出】尾上菊之助 【製】松竹

**6月 さいたまゴールド・シアター第3回公演『アンドゥ家の一夜』★** 【場】彩の国さいたま芸術劇場小ホール 【作】ケラリーノ・サンドロヴィッチ 【美】中越司 【照】岩品武顕 【響】市川悟 【振】広崎うらん 【衣】小峰リリー 【補】井上尊晶 【出】さいたまゴールド・シアター 【製】埼玉県芸術文化振興財団

**9月『コースト・オブ・ユートピア―ユートピアの岸へ』★** 【場】シアターコクーン 【作】トム・ストッパード 【訳】広田敦郎 【美】中越司 【照】室伏生大 【響】鹿野英之 【音】朝比奈尚行 【振】広崎うらん 【衣】小峰リリー 【補】井上尊晶 【出】阿部寛、勝村政信、池内博之、石丸幹二、別所哲也 【製】Bunkamura

**10月 さいたまネクスト・シアター第1回公演『真田風雲録』★** 【場】彩の国さいたま芸術劇場インサイド・シアター 【作】福田善之 【美】安津満美子 【照】岩品武顕 【響】高橋克司 【音】朝比奈尚行 【振】広崎うらん 【衣】小峰リリー 【補】井上尊晶 【出】さいたまネクスト・シアター 【製】埼玉県芸術文化振興財団

**11月『十二人の怒れる男』★** 【場】シアターコクーン 【作】レジナルド・ローズ 【訳】額田やえ子 【美】中越司 【照】大島祐夫 【響】鹿野英之 【衣】小峰リリー 【補】井上尊晶 【出】中井貴一、筒井道隆、辻萬長 【製】Bunkamura

**2010(平成22)年 75歳**

▼文化勲章

▼リンカーン・センター国際芸術コミッティー芸術金賞

▼川口市民栄誉賞

**1月『血は立ったまま眠っている』★** 【場】シアターコクーン／2月、大阪＝シアターBRAVA! 【作】寺山修司 【美】中越司 【照】服部基 【響】井上正弘 【音】朝比奈尚行、遠藤ミチロウ 【振】広崎うらん 【衣】小峰リリー 【補】井上尊晶 【出】森田剛、窪塚洋介、寺島しのぶ 【製】Bunkamura

**3月『ヘンリー六世』★** 【場】彩の国さいたま芸術劇場大ホール／4月、梅田芸術劇場シアター・ドラマシティ 【作】シェイクスピア 【訳】松岡和子 【構】河合祥一郎 【美】中越司 【照】勝柴次朗 【響】井上正弘 【音】阿部海太郎 【衣】小峰リリー 【補】井上尊晶 【出】上川隆也、大竹しのぶ 【製】埼玉県芸術文化振興財団＋ホリプロ

**5月『ムサシ ロンドン・NYバージョン』** 【場】彩の国さいたま芸術劇場大ホール 【作】井上ひさし 【美】中越司 【照】勝柴次朗 【響】井上正弘 【音】宮川彬良 【振】広崎うらん、花柳寿楽 【衣】小峰リリー 【補】井上尊晶 【出】藤原竜也、勝地涼、鈴木杏 【製】ホリプロ

**7月『ファウストの悲劇』★** 【場】シアターコクーン 【作】クリストファー・マーロウ 【訳】河合祥一郎 【美】中越司 【照】服部基 【響】井上正弘 【音】かみむら周平 【振】広崎うらん、花柳寿楽 【衣】小峰リリー 【補】井上尊晶 【出】野村萬斎、勝村政信、長塚圭史 【製】Bunkamura

**8月『音楽劇 ガラスの仮面―二人のヘレン』** 【場】彩の国さいたま芸術劇場大ホール／9月、大阪＝シアターBRAVA! 【原】美内すずえ 【脚】青木豪 【美】中越司 【照】室伏生大 【響】井上正弘 【音】寺嶋民哉 【振】広崎うらん 【衣】宮本宣子 【補】石丸さち子、井上尊晶 【出】大和田美帆、奥村佳恵、夏木マリ 【製】日本テレビ＋埼玉県芸術文化振興財団

**9月 さいたまゴールド・シアター第4回公演『聖地』★** 【場】彩の国さいたま芸術劇場小ホール 【作】松井周 【美】安津満美子 【照】岩品武顕 【響】金子伸也 【音】かみむら周平 【振】広崎うらん 【衣】紅林美帆 【補】井上尊晶 【出】さいたまゴールド・シアター、熊澤さえか、手打隆盛、松田慎也、堀文明 【製】埼玉県芸術文化振興財団

**10月『じゃじゃ馬馴らし』★** 【場】彩の国さいたま芸術劇場大ホール／11月、北九州芸術劇場大ホール／梅田芸術劇場シアター・ドラマシティ 【作】シェイクスピア 【訳】松岡和子 【美】中越司 【照】大島祐夫 【響】井上正弘 【音】阿部海太郎 【振】広崎うらん 【衣】宮本宣子 【補】井上尊晶 【出】市川亀治郎、筧利夫、山本裕典、月川悠貴 【製】埼玉県芸術文化振興財団＋ホリプロ

**12月 さいたまネクスト・シアター第2回公演『美しきものの伝説』★** 【場】彩の国さいたま芸術劇場インサイド・シアター 【作】宮本研 【美】中西紀恵 【照】岩品武顕 【響】高橋克司 【音】朝比奈尚行 【衣】小峰リリー 【補】井上尊晶 【出】さいたまネクスト・シアター、飯田邦博 【製】埼玉県芸術文化振興財団

◆読売演劇大賞最優秀演出家賞(『ヘンリー六世』『美しきものの伝説』)

**2011(平成23)年 76歳**

**2月『ミシマダブル サド侯爵夫人／わが友ヒットラー』★** 【場】シアターコクーン／3月、大阪＝シアターBRAVA! 【作】三島由紀夫 【美】中越司 【照】服部基

『美しきものの伝説』(2010年)

響井上正弘　音かみむら周平　衣小峰リリー　補井上尊晶　出東山紀之、生田斗真、木場勝己、平幹二朗　製Bunkamura

**5月**　**『たいこどんどん』★**　場シアターコクーン　作井上ひさし　美中越司　照勝柴次朗　響井上正弘　音伊藤ヨタロウ　振花柳寿楽　衣小峰リリー　補井上尊晶　出中村橋之助、古田新太、鈴木京香　製Bunkamura

**6月**　**『血の婚礼』**　場にしすがも創造舎体育館特設劇場／8月、新潟＝りゅーとぴあ／大阪＝森ノ宮ピロティホール／北九州芸術劇場大ホール　作清水邦夫　美中越司　照服部基　響井上正弘　衣小峰リリー　補井上尊晶　出窪塚洋介、中嶋朋子、伊藤蘭　製Bunkamura

**8月**　**『身毒丸』**　場天王洲 銀河劇場／9月、梅田芸術劇場シアター・ドラマシティ／愛知県芸術劇場大ホール　作寺山修司、岸田理生　美小竹信節　照勝柴次朗　響井上正弘　曲宮川彬良　振花柳寿楽、池島優　衣小峰リリー　補井上尊晶　出大竹しのぶ、矢野聖人　製ホリプロ

**10月**　**『アントニーとクレオパトラ』★**　場彩の国さいたま芸術劇場大ホール／福岡＝キャナルシティ劇場／大阪＝シアターBRAVA!　作シェイクスピア　訳松岡和子　美中越司　照勝柴次朗　響井上正弘　音阿部海太郎　振池島優　衣小峰リリー　補井上尊晶　出吉田鋼太郎、安蘭けい　製埼玉県芸術文化振興財団＋ホリプロ

『海辺のカフカ』（2012年）

**10月**　**『あゝ、荒野』★**　場彩の国さいたま芸術劇場大ホール／11月、青山劇場　原寺山修司　脚夕暮マリー　美中越司　照大島祐夫　響井上正弘　音朝比奈尚行　振池島優　衣宮本宣子　補井上尊晶　出松本潤、小出恵介、勝村政信、黒木華　製Bunkamura＋Quaras

**12月**　**さいたまゴールド・シアター第5回公演『ルート99』★**　場彩の国さいたま芸術劇場小ホール　作岩松了　美中越司　照岩品武顕　響金子伸也　振佐野あい　衣紅林美帆　補井上尊晶　出さいたまゴールド・シアター、川口覚、周本えりか、深谷美歩　製埼玉県芸術文化振興財団

## 2012（平成24）年　77歳

**1月**　**『下谷万年町物語』**　場シアターコクーン　作唐十郎　美朝倉摂　照吉井澄雄　響井上正弘　音猪俣公章　振池島優　衣宮本宣子　補井上尊晶　出宮沢りえ、藤原竜也、西島隆弘、唐十郎　製Bunkamura

**2月**　**さいたまネクスト・シアター第3回公演『2012年・蒼白の少年少女たちによる「ハムレット」』★**　場彩の国さいたま芸術劇場インサイド・シアター　作シェイクスピア　訳河合祥一郎　美中西紀恵　照藤田隆広　響高橋克司　衣紅林美帆、田邉千尋　補井上尊晶　出さいたまネクスト・シアター、こまどり姉妹　製埼玉県芸術文化振興財団

**4月**　**『シンベリン』★**　場彩の国さいたま芸術劇場大ホール／北九州芸術劇場大ホール／5月、梅田芸術劇場シアター・ドラマシティ　作シェイクスピア　訳松岡和子　美中越司　照勝柴次朗　響井上正弘　音阿部海太郎　衣宮本宣子　補井上尊晶　出阿部寛、大竹しのぶ　製埼玉県芸術文化振興財団＋ホリプロ

**5月**　**『海辺のカフカ』★**　場彩の国さいたま芸術劇場大ホール／大阪＝シアターBRAVA!　原村上春樹　脚フランク・ギャラティ　訳平塚隼介　美中越司　照服部基　響高橋克司　音阿部海太郎　衣前田文子　補井上尊晶　出柳楽優弥、田中裕子、長谷川博己　製ホリプロ

**7月**　**『しみじみ日本・乃木大将』★**　場彩の国さいたま芸術劇場大ホール／8月、大阪＝シアターBRAVA!／新潟＝りゅーとぴあ　作井上ひさし　美中越司　照服部基　響井上正弘　音朝比奈尚行　振花柳寿楽　衣宮本宣子　補井上尊晶　出風間杜夫、根岸季衣、六平直政、山崎一　製こまつ座＋ホリプロ

**8月**　**『トロイラスとクレシダ』★**　場彩の国さいたま芸術劇場大ホール／9月、梅田芸術劇場シアター・ドラマシティ／鳥栖市民文化会館大ホール／愛知県芸術劇場大ホール　作シェイクスピア　訳松岡和子　美中越司　照大島祐夫　響鹿野英之　音かみむら周平　衣小峰リリー　補井上尊晶　出山本裕典、月川悠貴　製埼玉県芸術文化振興財団＋ホリプロ

**9月**　**『騒音歌舞伎（ロックミュージカル）ボクの四谷怪談』★**　場シアターコクーン／10月、大阪＝森ノ宮ピロティホール　脚詞橋本治　美中越司　照勝柴次朗　響井上正弘　音鈴木慶一　振池島優、尾上菊之丞　衣前田文子　補井上尊晶　出佐藤隆太、小出恵介、勝地涼、栗山千明　製Bunkamura＋シス・カンパニー

**11月**　**『日の浦姫物語』★**　場シアターコクーン／12月、仙台＝イズミティ21大ホール／大阪＝シアターBRAVA!　作井上ひさし　美中越司　照服部基　響井上正弘　音門司肇　振花柳寿楽　衣小峰リリー　補井上尊晶　出大竹しのぶ、藤原竜也　製こまつ座＋ホリプロ

**11月**　**〝ザ・ファクトリー2〟さいたまネクスト・シアター「テネシー・ウィリアムズ一幕劇集連続上演」**（『火刑』★『ロング・グッドバイ』★）　場彩の国さいたま芸術劇場　作テネシー・ウィリアムズ　訳内村直也・木村優（『火刑』）、倉橋健（『ロング・グッドバイ』）　美岩本三玲　照岩品武顕　響金子伸也　衣田邉千尋　出さいたまネクスト・シアター　製埼玉県芸術文化振興財団

**12月**　**『トロイアの女たち』★**　場東京芸術劇場プレイハウス　作エウリピデス　訳山形治江（和訳）、シモン・ブザグロ（ヘブライ語訳）、アミン・サラーム（アラビア語訳）、光永光翼（ヘブライ語・アラビア語↓

和訳） 美中越司 照西川園代 響井上正弘 音阿部海太郎 振花柳寿楽 衣前田文子 補井上尊晶 出アシュラフ・バルホウム、シリ・ガドニ、白石加代子、和央ようか 製東京芸術劇場＋テルアビブ市立カメリ・シアター

◆読売演劇大賞の大賞・最優秀演出家賞（『2012年・蒼白の少年少女たちによる「ハムレット」』『シンベリン』）

**2013（平成25）年　78歳**

▼狭心症でバイパス手術を受ける。

▼著書『演劇の力』刊行。

**1月**　**『祈りと怪物　ウィルヴィルの三姉妹 Ninagawa Version』★** 場シアターコクーン／大阪＝シアターBRAVA！ 作ケラリーノ・サンドロヴィッチ 美中越司 照大島祐夫 響井上正弘 音門司肇 衣宮本宣子 補井上尊晶 出森田剛、満島真之介 製Bunkamura＋Quaras

**2月**　**さいたまネクスト・シアター第4回公演『2013年・蒼白の少年少女たちによる「オイディプス王」』★** 場彩の国さいたま芸術劇場インサイド・シアター 作ソフォクレス 脚ホーフマンスタール 訳小塩節、前野光弘 美中越司 照藤田隆広 響高橋克司 音かみむら周平 衣紅林美帆 補井上尊晶 出さいたまネクスト・シアター 製埼玉県芸術文化振興財団

**4月**　**『ヘンリー四世』★** 場彩の国さいたま芸術劇場／5月、梅田芸術劇場シアター・ドラマシティ／福岡＝キャナルシティ劇場／愛知＝穂の国とよはし芸術劇場PLAT主ホール 作シェイクスピア 訳松岡和子 構河合祥一郎 美中越司 照勝柴次朗 響高橋克司 音阿部海太郎 衣小峰リリー 補井上尊晶 出吉田鋼太郎、松坂桃李、木場勝己 製埼玉県芸術文化振興財団＋ホリプロ

**5月**　**さいたまゴールド・シアター第6回公演『鴉よ、おれたちは弾丸をこめる』** 場彩の国さいたま芸術劇場大稽古場／6月、KAAT神奈川芸術劇場 大スタジオ／熊谷＝大里生涯学習センターあすねっとホール 作清水邦夫 美中越司（埼玉） 照藤田隆広（埼玉） 響友部秋一（埼玉） 衣田邉千尋 補井上尊晶 出さいたまゴールド・シアター 製埼玉県芸術文化振興財団

**7月**　**『盲導犬』** 場シアターコクーン／8月、大阪＝シアターBRAVA！ 作唐十郎 美中越司 照勝柴次朗 響井上正弘 曲田山雅充 衣小峰リリー 補井上尊晶 出古田新太、宮沢りえ、小出恵介 製Bunkamura

**9月**　**『ヴェニスの商人』★** 場彩の国さいたま芸術劇場大ホール／広島＝上野学園ホール／10月、北九州芸術劇場大ホール／兵庫県立芸術文化センター阪急中ホール 作シェイクスピア 訳松岡和子 美中越司 照勝柴次朗 響鹿野英之 音阿部海太郎 衣前田文子 補井上尊晶 出市川猿之助、中村倫也、横田栄司、高橋克実 製埼玉県芸術文化振興財団＋ホリプロ

**9月**　**『ムサシ　ロンドン・NYバージョン』** 場彩の国さいたま芸術劇場大ホール／10月、梅田芸術劇場シアター・ドラマシティ 作井上ひさし 美中越司 照勝柴次朗 響井上正弘 音宮川彬良 振広崎うらん、花柳寿楽 衣小峰リリー 補井上尊晶 出藤原竜也、溝端淳平、鈴木杏 製ホリプロ

**10月**　**『唐版　滝の白糸』** 場シアターコクーン／11月、大阪＝シアターBRAVA！ 作唐十郎 美朝倉摂 照服部基 響高橋克司 音門司肇 振花柳寿楽 衣宮本宣子 補井上尊晶 出大空祐飛、窪田正孝、平幹二朗 製Bunkamura

**11月**　**〝ザ・ファクトリー4〟さいたまネクスト・シアター「ヴォルフガング・ボルヒェルトの作品からの九章」** 場彩の国さいたま芸術劇場大稽古場 原ヴォルフガング・ボルヒェルト 訳小松太郎 照岩品武顕 響金子伸也 衣田邉千尋 補井上尊晶 出さいたまネクスト・シアター 製埼玉県芸術文化振興財団

**2014（平成26）年　79歳**

▼11月、「さいたまゴールド・シアター」の公演で訪れていた香港で緊急入院。ジェット機をチャーターして帰国し、そのまま病院へ。年末、車椅子に乗って稽古場に復帰。

**1月**　**『冬眠する熊に添い寝してごらん』★** 場シアターコクーン／2月、大阪＝森ノ宮ピロティホール 作古川日出男 美中越司 照勝柴次朗 響鹿野英之 音門司肇 衣前田文子 補井上尊晶 出上田竜也、井上芳雄、鈴木杏、勝村政信 製Bunkamura＋Quaras

**2月**　**さいたまネクスト・シアター第5回公演『2014年・蒼白の少年少女たちによる「カリギュラ」』★** 場彩の国さいたま芸術劇場インサイド・シアター 作アルベール・カミュ 訳岩切正一郎 美中越司 照岩品武顕 響高橋克司 衣紅林美帆 補井上尊晶 出さいたまネクスト・シアター 製埼玉県芸術文化振興財団

**3月**　**『ムサシ　ロンドン・NYバージョン』** 場シアターコクーン／4月、広島＝アステールプラザ大ホール／長崎ブリックホール／金沢歌劇座 作井上ひさし 美中越司 照勝柴次朗 響井上正弘 音宮川彬良 振広崎うらん、花柳寿楽 衣小峰リリー 補井上尊晶 出藤原竜也、溝端淳平、鈴木杏 製ホリプロ

**4月**　**『わたしを離さないで』★** 場彩の国さいたま芸術劇場大ホール／5月、愛知県芸術劇場大ホール／梅田芸術劇場シアター・ドラマシティ 原カズオ・イシグロ 脚倉持裕 美中越司 照勝柴次朗 響井上正弘 音阿部海太郎 衣前田文子 補井上尊晶 出多部未華子、三浦涼介、木村文乃 製ホリプロ

『海辺のカフカ』初演時の稽古場にて、2012年春。

**6月　『海辺のカフカ』** 場彩の国さいたま芸術劇場大ホール／大阪＝シアターBRAVA!／赤坂ACTシアター／7月、北九州芸術劇場大ホール 原村上春樹 脚フランク・ギャラティ 訳平塚隼介 美中越司 照服部基 響高橋克司 音阿部海太郎 衣前田文子 補井上尊晶 出宮沢りえ、藤木直人、古畑新之 製ホリプロ

**7月　『太陽2068』★** 場シアターコクーン 作前川知大 美朝倉摂、中越司 照大島祐夫 響井上正弘 衣宮本宣子 補井上尊晶 出綾野剛、成宮寛貴、前田敦子、中嶋朋子 製Bunkamura

**8月　『ロミオとジュリエット』** 場彩の国さいたま芸術劇場小ホール 作シェイクスピア 訳松岡和子 美中越司 照岩品武顕 響高橋克司 音かみむら周平 振佐野あい 衣宮本宣子 補井上尊晶 出菅田将暉、月川悠貴 製埼玉県芸術文化振興財団＋ホリプロ

**9月　『火のようにさみしい姉がいて』★** 場シアターコクーン／10月、大阪＝シアターBRAVA! 作清水邦夫 美中越司 照服部基 響高橋克司 衣前田文子 補井上尊晶 出大竹しのぶ、宮沢りえ、段田安則 製シス・カンパニー

**10月　『ジュリアス・シーザー』★** 場彩の国さいたま芸術劇場大ホール／北九州芸術劇場大ホール／11月、上田市交流文化芸術センター サントミューゼ大ホール／梅田芸術劇場シアター・ドラマシティ 作シェイクスピア 訳松岡和子 美中越司 照勝柴次朗 響高橋克司 衣小峰リリー 補井上尊晶 出阿部寛、藤原竜也、横田栄司、吉田鋼太郎 製埼玉県芸術文化振興財団＋ホリプロ

**11月　『皆既食』★** 場シアターコクーン／12月、大阪＝シアターBRAVA! 作クリストファー・ハンプトン 訳小田島恒志 美中越司 照高見和義 響井上正弘 衣黒須はな子 補井上尊晶 出岡田将生、生瀬勝久、中越典子 製Bunkamura

**11月　さいたまゴールド・シアター『鴉よ、おれたちは弾丸をこめる』** 場にしすがも創造舎／12月、穂の国とよはし芸術劇場PLAT主ホール／川越市市民会館やまぶき会館中ホール 作清水邦夫 美中越司 照藤田隆広 響友部秋一 衣田邉千尋 補井上尊晶 出さいたまゴールド・シアター、さいたまネクスト・シアター 製埼玉県芸術文化振興財団

## 2015(平成27)年　80歳

▼80歳の記念イヤー。
▼新演出4本を含め、6作品を演出。

**1月　『ハムレット』** 場彩の国さいたま芸術劇場大ホール／2月、梅田芸術劇場シアター・ドラマシティ 作シェイクスピア 訳河合祥一郎 美朝倉摂、中越司 照服部基 響井上正弘 衣前田文子 補井上尊晶 出藤原竜也、満島ひかり、満島真之介 製ホリプロ

**4月　さいたまネクスト・シアター第6回公演『リチャード二世』★** 場さいたま芸術劇場インサイド・シアター 作シェイクスピア 訳松岡和子 美中越司 照岩品武顕 響高橋克司 振佐野あい 衣紅林美帆 補井上尊晶 出さいたまネクスト・シアター 製埼玉県芸術文化振興財団

**8月　『青い種子は太陽のなかにある』★** 場オーチャードホール／9月、大阪＝オリックス劇場 作寺山修司 美中越司 照勝柴次朗 響井上正弘 音松任谷正隆 振前田清実、辻本知彦、佐野あい 衣宮本宣子 補井上尊晶 出亀梨和也、高畑充希 製Bunkamura

**9月　『NINAGAWAマクベス』** 場シアターコクーン 作シェイクスピア 訳小田島雄志 美妹尾河童 照吉井澄雄 響高橋克司 効本間明 音甲斐正人 振花柳寿楽 衣辻村寿三郎 補井上尊晶 出市村正親、田中裕子 製ホリプロ

**9月　『海辺のカフカ』** 場彩の国さいたま芸術劇場大ホール 原村上春樹 脚フランク・ギャラティ 訳平塚隼介 美中越司 照服部基 響高橋克司 音阿部海太郎 衣前田文子 補井上尊晶 出宮沢りえ、藤木直人、古畑新之 製ホリプロ

**10月　『ヴェローナの二紳士』★** 場彩の国さいたま芸術劇場大ホール／11月、梅田芸術劇場シアター・ドラマシティ／愛知＝穂の国とよはし芸術劇場PLAT主ホール／福岡＝キャナルシティ劇場 作シェイクスピア 訳松岡和子 出溝端淳平、三浦涼介、高橋光臣、月川悠貴 製埼玉県芸術文化振興財団＋ホリプロ

2015年、『リチャード二世』の稽古にて。
ゴールド・シアターとネクスト・シアターのメンバーと。

海外公演のポスターやプログラムより。上段左から『NINAGAWAマクベス』(87年、ロンドン)、『テンペスト』(88年、エディンバラ)、『近松心中物語』(89年、ロンドン)、『王女メディア』(93年、台北)、『ペリクリーズ』(03年、ロンドン)。下段左から『タイタス・アンドロニカス』(06年、ストラットフォード・アポン・エイヴォン)、『NINAGAWA十二夜』(09年、ロンドン)、『ムサシ　ロンドン・NYバージョン』(10年、ニューヨーク)、『アントニーとクレオパトラ』(11年、ソウル)、『シンベリン』(12年、ロンドン)。

## 世界へはばたくNINAGAWA
# 全演出作品リスト　海外編

**1983(昭和58)年**

**7月『王女メディア』**〈イタリア〉ローマ=ヴィラ・ジュリア劇場　アスティ=パラッツォ・デル・コレッジォ〈ギリシャ〉アテネ=リカヴィトス劇場

**1984(昭和59)年**

**7月『王女メディア』**〈ギリシャ〉アテネ=ヘロデス・アティコス劇場〈イタリア〉リミニ=マラテスタ広場〈フランス〉トゥーロン=シャトーヴァロン野外劇場

**1985(昭和60)年**

**8月『NINAGAWAマクベス』**〈オランダ〉アムステルダム=アムステルダム市立劇場〈イギリス〉エディンバラ=ロイヤル・ライシアム・シアター

**1986(昭和61)年**

**8月『王女メディア』**〈イギリス〉エディンバラ=エディンバラ大学中庭、9月〈アメリカ〉ニューヨーク=デラコルテ・シアター〈カナダ〉バンクーバー=クイーン・エリザベス・シアター

**1987(昭和62)年**

**9月『NINAGAWAマクベス』**〈イギリス〉ロンドン=ナショナル・シアター内リトルトン・シアター

**9月『王女メディア』**〈イギリス〉ロンドン=ナショナル・シアター内オリヴィエ・シアター

**1988(昭和63)年**

**8月『テンペスト』**〈イギリス〉エディンバラ=プレイハウス・シアター

**1989(昭和64／平成元)年**

**1月『王女メディア』**〈香港〉香港演藝學院歌劇院

**9月『近松心中物語』**〈ベルギー〉アントワープ市立劇場　10月〈イギリス〉ロンドン=ナショナル・シアター

**1990(平成2)年**

**8月『卒塔婆小町』**〈イギリス〉エディンバラ=ロイヤル・ライシアム・シアター

**10月『NINAGAWAマクベス』**〈カナダ〉オタワ=ナショナル・アーツ・センター〈アメリカ〉ニューヨーク=ブルックリン・アカデミー・オブ・ミュージック(BAM)オペラハウス

**1991(平成3)年**

**8月『TANGO AT THE END OF WINTER(タンゴ・冬の終わりに)』**〈イギリス〉エディンバラ=キングズ・シアター　ロンドン=ピカデリー・シアター

**10月『卒塔婆小町』**〈アメリカ〉ロサンゼルス=日米劇場　サンフランシスコ=ゼラーバッハ・シアター　ピッツバーグ=ピッツバーグ大学ステファン・フォスター・シアター　ワシントンDC=テラス・シアター

**1992(平成4)年**

**6月『NINAGAWAマクベス』**〈シンガポール〉カラン・シアター

**7月『王女メディア』**〈シンガポール〉国立ヴィクトリア劇場〈マレーシア〉クアラルンプール=デワン・パンダラヤ市民ホール

**12月『テンペスト』**〈イギリス〉ロンドン=バービカン・シアター

**1993(平成5)年**

**4月『王女メディア』**〈台湾〉台北=国立中正文化中心　国家戯劇院、6月〈スイス〉チューリヒ=シュタットホーフ11

**1994(平成6)**

**2月『ペール・ギュント』**〈ノルウェー〉オスロ=ノルウェー国立劇場、3月〈イギ

# 果てしない視覚のファンタジー『NINAGAWAマクベス』 NINAGAWA Macbeth

## セルマ・ホルト Thelma Holt　プロデューサー

セルマ・ホルト氏と蜷川。1999年『リア王』が上演されたロイヤル・シェイクスピア・シアターにて。

蜷川が、かの『NINAGAWAマクベス』でエディンバラ国際芸術祭に招聘され、大成功をおさめたのは1985年のこと。ロンドンから駆けつけた私は、即座にこれはナショナル・シアターでも上演すべきだ、と思った。ちょうど、芸術監督ピーター・ホールに代わって「国際演劇祭87」をプロデュースしていたところで、年間を通じて国際色豊かで優れた演目を上演することになっていた。劇団の招待枠はたった4つで、非常に競争率が高いだけでなく、既にイングマール・ベルイマン率いるストックホルムのロイヤル・ドラマーテン、ペーター・シュタイン率いるベルリンのシャウビューネの参加が決定していた。しかし、私は蜷川の劇団こそ白眉となるに違いない、と直感した。

ロンドン公演が幕を開けると、はたして、観客はすっかり魅了されてしまった。ふたりの老女が舞台脇の通路から奇妙な動作でゆっくりと進んでくる。両舞台袖で昼食を食べる彼女らを、多くの人は魔女と取り違えたが、魔女は3人なのだから明らかに人数が違う。肝心な魔女役には3人の女形が起用されていた。紗幕越しに、桜の花びらが舞い落ちる。まるで降りしきる雪のように。そして魔女たちは、これまで耳にしたことのない音楽のような声音で話し始め、客席をうっとりさせた。まさに演劇的な魔法の瞬間であり、目撃者たる私たちにとって、決して忘れられない舞台となった。

蜷川は、果てしない視覚のファンタジーを仕掛けることによって、私たちの想像力を捉えて離さない。西洋人のほとんどが理解できない言語での上演にもかかわらず、すんなりと没入できるのは、彼が原作者の意図を直感的に汲み取っているためだろう。蜷川は、シェイクスピアの記述を文字通りに受け取ることはない。せりふそのものだけでなく、せりふとせりふの間をも探究するのだ。彼は役者たちに、せりふの演技指導と同じくらい熱心に、その「サブテクスト（背後の意味）」をも演じさせようとする。結果、私たち英国人が愚かにも知り尽くしたつもりになっている作品に、あっと驚くほどの新味がもたらされるのだ。英国ではありふれた言い回しになっているせりふが、蜷川が演出すると新鮮に響く。たとえば「俺は杭につながれてしまった」（『マクベス』第5幕第7場）というせりふなら、まったく何の希望も、何の恐れもなく、単なる事実を述べることによって、来たるべき恐怖が告げられるのだ。実は私自身、英国で何年も前に2回マクベス夫人を演じたことがあるのだが、この舞台のマクベス夫人は、私がこれまで到達できなかった彼女の内奥へと誘ってくれた。特に夢遊する場面などは、また自分で演じる機会があれば盗用させて欲しいほどだ。

ごく少数とはいえ、真に優れたシェイクスピア劇の演出家たちが同時代に存在したのは私にとって幸運だった。しかも喜ばしいことに、ロンドンに住んでいるおかげで、その全員と知り合うことができた。蜷川は間違いなく、その数少ない卓越した演出家のひとりである。1987年から今日に至るまで、彼と一緒に仕事をしてきたことを光栄に思うし、これからも末永く、共に歩んでゆけるよう願っている。

---

リス〉ロンドン＝バービカン・シアター
マンチェスター＝パレス・シアター

**1995（平成7）年**
**7月『夏の夜の夢』**〈イギリス〉プリマス＝プリマス・パヴィリオンズ　ニューキャッスル＝ニューキャッスル・プレイハウス

**1996（平成8）年**
**6月『王女メディア』**〈ヨルダン〉ジェラシュ南劇場　〈エジプト〉カイロ＝カイロ・オペラハウス
**9月『夏の夜の夢』**〈イギリス〉ロンドン＝マーメイド・シアター

**1997（平成9）年**
**10月『身毒丸』**〈イギリス〉ロンドン＝バービカン・シアター

**1998（平成10）年**
**8月『ハムレット』**〈イギリス〉ロンドン＝バービカン・シアター

**1999（平成11）年**
**10月『リア王』**〈イギリス〉ロンドン＝バービカン・シアター、12月〜2000年2月　ストラットフォード・アポン・エイヴォン＝ロイヤル・シェイクスピア・シアター

**2001（平成13）年**
**6月『近代能楽集　卒塔婆小町／弱法師』**〈イギリス〉ロンドン＝バービカン・シアター

**2002（平成14）年**
**10月『夏の夜の夢』**〈フランス〉パリ＝パリ日本文化会館大ホール
**12月『マクベス』**〈アメリカ〉ニューヨーク＝BAMハワード・ギルマン・オペラハウス

**2003（平成15）年**
**3月『ペリクリーズ』**〈イギリス〉ロンド

# 生涯忘れ得ぬ視覚的演出
# 『リア王』 King Lear

**マイケル・ビリントン** Michael Billington 「ザ・ガーディアン」演劇評論家

これまで英国では、蜷川演出による21の作品が上演されてきた。最初の作品は、胸が痛くなるほど美しい1987年のサムライ版『NINAGAWAマクベス』。そして最新作は視覚効果がみごとな、村上春樹原作『海辺のカフカ』。しかし特筆すべきは1999年、ロイヤル・シェイクスピア・カンパニーのために制作された『リア王』だろう。蜷川が初めて、ほぼ全キャストを英国人俳優で演出したシェイクスピア作品である。当時、賛否両論を得たこの舞台は、16年経ったいま振り返ってみても、私の記憶にしっかりと刻み込まれている。蜷川は視覚的演出に秀でた才能の持ち主だが、この作品はまさに壮大かつ大胆なアイディアに満ちていた。舞台には、永遠を象徴する松の木の彫刻が施された2つの大きな門がそびえ立ち、頭上には虚空が広がる。嵐の場面では、巨大な雹が降ってきて、大地が音を立ててひび割れる。野生のイノシシが捕らえられ残忍に屠られる場面では、リア王に常ならざる猟師の面差しが表れる。ただし、舞台装置は能舞台を模しているので、装飾は控えめで、想像力溢れる空間の使い方をしている。

さらに、蜷川のきめ細やかな心理描写も印象的だった。冒頭のリアがコーディリアを空いた王座に座らせる場面では、常から彼女が彼の命令に従順なのだろうと想像がつく。シアン・トーマス演じる長女ゴネリルは父が捨てた王冠を手に絨毯の上で艶めかしく身体を丸めている。彼女と次女リーガンとが互いに抱く反感は、かつて観たどの『リア王』よりも明確に伝わってきた。荒野でリアとグロスター伯爵が感動の再会を果たす場面では、失脚した老人ふたりが笑い合い、ふざけ合いながら地面に倒れ込む。

本作における最大の論点は、ナイジェル・ホーソンをリアに起用したことだった。ホーソンはアラン・ベネット作の『英国万歳!』で、乱心するジョージ3世を演じて、英国で大人気を博した俳優である。しかしホーソンが本作で演じてみせたのは、怒りに満ち雄弁に語る堂々としたリアではなく、皮肉っぽく時に滑稽ですらあるリアだった。痛ましくも自らの老いを自覚し、狂気に陥るまいと必死に抵抗する王である。当時、私はホーソンの演技を「壮大な悲劇を、ちっぽけな哀愁に置き換えてしまっている」と評した。しかし、いま振り返ってみると、間違えていたのかもしれない。蜷川が求めていたのは明らかに、威厳に満ちた王ではなく、哲学的な王であった。劇中のせりふでリアが「この世の不可思議」と呼ぶところの、世界の謎――を解明せんともがく王の姿だったのだ。

蜷川版『リア王』は英国の評論家の間で評価は分かれたが、あの舞台の美しさは生涯忘れられないだろう。『NINAGAWAマクベス』に続き、彼は悲劇と優美さが融合し得ることを証明してみせた。最も印象的だったのは、捕らえられたリアとコーディリアが鎖でつながれ、バービカン・シアターの空っぽの舞台の上を引きずられてゆく場面である。

つまり蜷川は、ピーター・ブルック同様、観客が一生忘れ得ない舞台を創り上げることのできる演出家といえるだろう。

---

ン＝ナショナル・シアター

**2004(平成16)年**

**7月『オイディプス王』**〈ギリシャ〉アテネ＝ヘロデス・アティコス劇場

**9月UK版『Hamlet』**〈イギリス〉プリマス＝シアター・ロイヤル・プリマス、10月 プール＝ライトハウス エディンバラ＝キングズ・シアター、11月 サルフォード＝ロウリー・シアター ロンドン＝バービカン・シアター ノッティンガム＝シアター・ロイヤル・ノッティンガム、12月 バース＝シアター・ロイヤル・バース

**2005(平成17)年**

**7月『近代能楽集 卒塔婆小町／弱法師』**〈アメリカ〉ニューヨーク＝リンカーン・センター・ローズシアター

**2006(平成18)年**

**6月『タイタス・アンドロニカス』**〈イギリス〉ストラットフォード・アポン・エイヴォン＝ロイヤル・シェイクスピア・シアター プリマス＝シアター・ロイヤル・プリマス

**2007(平成19)年**

**4月『コリオレイナス』**〈イギリス〉ロンドン＝バービカン・シアター

**2008(平成20)年**

**2月『身毒丸』**〈アメリカ〉ワシントン＝ジョン・F・ケネディセンター・オペラハウス

**2009(平成21)年**

**3月『NINAGAWA十二夜』**〈イギリス〉ロンドン＝バービカン・シアター

**2010(平成22)年**

**5月『ムサシ ロンドン・NYバージョン』**〈イギリス〉ロンドン＝バービカン・シアター、7月〈アメリカ〉ニューヨーク＝

# 『海辺のカフカ』 Kafka on the Shore ロンドン公演観劇記

カズオ・イシグロ　Kazuo Ishiguro　作家

2015年5月『海辺のカフカ』ワールドツアーの幕開けをロンドン、バービカン・シアターでローナ夫人とともに観劇した作家のカズオ・イシグロ氏。以下はその直後に主催者ホリプロの金森美彌子氏宛に届いたメッセージです。蜷川氏は2014年にイシグロ原作の『わたしを離さないで』を舞台化しています。

昨夜の『海辺のカフカ』の公演は、ひと言で申し上げますと、私が人生において観劇した作品の中で最も素晴らしいものの一つでした。冒頭から最後まで最高の経験をさせて頂きました。とても感動的で、時としてとてもユーモアがありました。私が思ってもいない形で、舞台版として見事に成功していました。まさに別次元の複雑な現実に入り込んだ感覚でした。蜷川さんは今までにも様々な形の舞台芸術で驚くような作品を創られてきましたが、今回はとりわけ人間の心を親密かつ身近に感じました。孤独で過酷な人生に囚われた人々が自分の居場所を求め、身を切るような思いでそれぞれの使命を全うしようとする姿。役者さん達の演技、次々と変わるセット、照明と音響の驚くべき効果、美しい音楽、どの要素にも圧倒されました。昨夜のバービカンのようにロンドンの観客が熱狂する事は非常に珍しいです。ローナと私はあの場にいる事ができてとても幸運でした。私達を招待してくださって本当にありがとうございます。どうか蜷川さんに私が感銘を受けた事をお伝えください。そしてこの偉業を成し遂げられた事に対しての私からの心からのお祝いも伝えて頂ければ幸いです。そしてもちろん、あなた、堀社長、ホリプロの皆さまにもおめでとうございますと申し上げさせてください。

Message from London

リンカーンセンター　デヴィッド・H・コーク・シアター

2011(平成23)年

**11月『アントニーとクレオパトラ』**〈韓国〉ソウル＝LGアーツセンター

2012(平成24)年

**5月『シンベリン』**〈イギリス〉ロンドン＝バービカン・シアター

**12月『トロイアの女たち』**〈イスラエル〉テルアビブ市立カメリ・シアター

2013(平成25)年

**5月さいたまゴールド・シアター『鴉よ、おれたちは弾丸をこめる』**〈フランス〉パリ＝パリ日本文化会館大ホール

**11月『ムサシ　ロンドン・NYバージョン』**〈シンガポール〉エスプラネード－シアターズ・オン・ザ・ベイ

2014(平成26)年

**3月『ムサシ　ロンドン・NYバージョン』**〈韓国〉ソウル＝LGアーツセンター

**11月さいたまゴールド・シアター『鴉よ、おれたちは弾丸をこめる』**〈中国〉香港＝葵青劇院演藝廳　12月〈フランス〉パリ＝パリ市立劇場

2015(平成27)年

**3月『ハムレット』**〈台湾〉台北＝国立中正文化中心　国家戯劇院、5月〈イギリス〉ロンドン＝バービカン・シアター

**5月『海辺のカフカ』**〈イギリス〉ロンドン＝バービカン・シアター、7月〈アメリカ〉ニューヨーク＝リンカーンセンター　デビッド・H・コーク・シアター、10月〈シンガポール〉シンガポール＝エスプラネード－シアターズ・オン・ザ・ベイ、11月〈韓国〉ソウル＝LGアーツセンター

◆本書は「芸術新潮」2015年9月号特集「蜷川幸雄の哲学」に新たな書下ろしを加え構成したものです。
◆「蜷川幸雄の仕事」「蜷川幸雄をめぐる人々」（p.20-127）「特別対談　蜷川幸雄×山口晃」（p.128-135）の構成・インタビュー・文は山口宏子によります（特記あるものをのぞく）。また「蜷川幸雄をめぐる人々」における俳優は生年順です。
◆「年譜・全演出作品リスト」「全演出リスト　海外編」（p.138-157）は下記参考文献などを参照し、年譜を山口宏子が執筆、作品リストを編集部で作成しました。
◆「父娘対談　蜷川幸雄×蜷川実花」（p.12-15）の初出は「Numéro TOKYO」（扶桑社）2015年12月号（インタビュー・軍地彩弓、文・三浦真紀）です。
◆扇田昭彦「浮かびあがる美的洗練」（p.78）は『蜷川幸雄の劇世界』所収劇評（初出「新劇」1979年4月号）の抜粋です。

## 参考文献・HPなど

蜷川幸雄『千のナイフ、千の目』　紀伊國屋書店　1993
蜷川幸雄『Note　1969〜2001』　河出書房新社　2002
蜷川幸雄『演劇の力』　日本経済新聞出版社　2013
扇田昭彦『蜷川幸雄の劇世界』　朝日新聞出版　2010
蜷川宏子『蜷川ファミリー』　朝日新聞出版　2011
清水邦夫『われら花の旅団よ、その初戦を失へり』レクラム社　1974
『清水邦夫全仕事1958〜1980』　河出書房新社　1992
『清水邦夫全仕事1981〜1991』　河出書房新社　1992
『清水邦夫全仕事1992〜2000』　河出書房新社　2000
『唐十郎全作品集』全6巻　冬樹社　1979〜1980
『シェイクスピア全集』全37巻　小田島雄志訳　白水社　1983
『シェイクスピア全集　1〜27』　松岡和子訳　ちくま文庫　1996〜2015
シェイクスピア『新訳　ハムレット』　河合祥一郎訳　角川文庫　2003
ジョン・バートン，ケネス・カヴァンダー 編・英訳『グリークス』　吉田美枝訳　劇書房　2000
ソフォクレス『エレクトラ』　山形治江訳　劇書房　2003
ソフォクレス『オイディプス王』　山形治江訳　劇書房　2004
エウリピデス『メディア』　山形治江訳　れんが書房新社　2005
エウリピデス『オレステス』　山形治江訳　れんが書房新社　2006
エウリピデス『トロイアの女たち』　山形治江訳　論創社　2012
『秋元松代全集』全5巻　筑摩書房　2002
「朝日新聞」蜷川幸雄ほか関連記事
各劇場、劇団の公式ホームページ
各公演プログラム、ちらし、ポスター

## 写真提供

中根公夫……16, 54-55, 60-61◆ホリプロ……19, 41, 43, 52, 53, 56（瑳川哲朗）, 57, 58（唐沢寿明・阿部寛・横田栄司）, 59（四代目市川猿之助・月川悠貴）, 71, 73（中嶋朋子）, 80, 81, 83, 84, 85, 86, 92, 93, 96（立石涼子・大石継太）, 97（鈴木杏）, 126（清家栄一・岡田正・塚本幸男・新川將人・堀文明）◆MY Promotion……20-21, 22, 28, 29, 34, 35, 37, 58（真田広之）, 69, 139上◆パルコ……24, 30-31◆木冬社……27◆Bunkamura……33, 64-65, 68, 70, 72（麻実れい）, 73（野村萬斎・寺島しのぶ）, 82, 89, 91, 95（沢竜二）, 96（木場勝己）, 97（勝村政信・古田新太）, 98-103,105, 107, 108, 109◆公益財団法人埼玉県芸術文化振興財団……48, 50, 106, 112-118,120, 122, 123, 126（妹尾正文・飯田邦博）, 153◆東宝演劇部……38-39, 40, 42, 44-45, 46-47, 56（九代目松本幸四郎）, 62, 63, 72（山谷初男）, 78, 95（菅野菜保之）, 96（太地喜和子）◆松竹……49, 59（五代目尾上菊之助）◆セゾン文化財団……56（三田和代）◆東京芸術劇場……66, 72（白石加代子）, 126（羽子田洋子）◆早稲田大学演劇博物館……79（所蔵プログラムより転載）, 110-111（『唐版 滝の白糸』『盲導犬』『ペール・ギュント』『魔女の宅急便』）◆Thelma Holt……155

## 写真撮影

蜷川実花……1, 4-11, 160
牟礼也寸志……16◆富岡秀次……19, 84, 86◆山田眞三……24, 30-31, 69◆細野晋司……33, 70下, 95（沢竜二）, 100, 105, 109◆高嶋ちぐさ……48◆谷古宇正彦……41, 56（三田和代）, 64-65, 68, 70上, 72（麻実れい）, 73（野村萬斎・寺島しのぶ）, 82, 89, 91, 96（木場勝己）, 97（勝村政信・古田新太）, 98-99, 101, 102, 103, 107, 108◆渡部孝弘……43, 53, 56（瑳川哲朗）, 57（吉田鋼太郎）, 58（横田栄司）, 59（月川悠貴）, 71, 83, 85, 96（立石涼子・大石継太）, 97（鈴木杏）, 126（清家栄一・岡田正・塚本幸男・新川將人・堀文明）◆清田征剛……50, 57（田中裕子）, 59（四代目市川猿之助）◆清水博孝……52, 58（唐沢寿明）, 73（中嶋朋子）◆稲越功一……57（市村正親）◆引地信彦……58（阿部寛）, 93◆宮内勝……66, 72（白石加代子）, 126（羽子田洋子）◆大川直人……79◆西村淳……80◆池上直哉……92◆江川誠志……106◆宮川舞子……112-118,120, 123, 126（妹尾正文・飯田邦博）◆幸田森……122◆筒口直弘（新潮社写真部）……32, 87, 121, 128, 152◆野中昭夫（新潮社写真部）……31（左2点）◆松藤庄平（新潮社写真部）……74-75, 76-77, 88

*本書収録の写真で撮影者が明らかでなく、連絡のとれないものがありました。ご存知の方はお知らせ下さい。

▍協力

中根公夫　林美佐
MY Promotion……小川富子
公益財団法人埼玉県芸術文化振興財団……渡辺弘　松野創　石井おり絵　林さやか
ホリプロ……金森美彌子　土井ひみ子
Bunkamura シアターコクーン

▍ブックデザイン

大野リサ

▍シンボルマーク

nakaban

とんぼの本

# 蜷川《にながわ》幸雄《ゆきお》の仕事《しごと》


発行　2015年12月20日

著者　蜷川《にながわ》幸雄《ゆきお》　山口《やまぐち》宏子《ひろこ》　ほか
発行者　佐藤隆信
発行所　株式会社新潮社
住所　〒162-8711 東京都新宿区矢来町71
電話　編集部 03-3266-5611
読者係 03-3266-5111
ホームページ　http://www.shinchosha.co.jp/tonbo/
印刷所　大日本印刷株式会社
製本所　加藤製本株式会社
カバー印刷所　錦明印刷株式会社





ISBN978-4-10-602264-7 C0374

方駅前商店街